JN114090

教師のための教育学シリーズ

教師のための教育学シリーズ編集委員会 監修

特別活動

改訂二版

総合的な学習(探究)の時間とともに

林 尚示

編著

EDUCATIONAL STUDIES FOR TEACHERS SERIES

学文社

執　筆　者

＊林　　　尚示　　東京学芸大学教育学部教授 ………………………………第1章，第5章

鈴木　　樹　　鎌倉女子大学教育学部教授 ………………………………第2章，第6章

佐野　　泉　　元 横浜国立大学大学院教育学研究科教授………………第3章，第4章

（執筆順，＊は編者）

まえがき

　中学校や高等学校では教科については特定の一つを教えれば教師の仕事は成り立つ。しかし，教科外の教育活動については原則として全教師が一定水準の専門家でなければならない。小学校，中学校，高等学校等の特別活動については，学級担任の教師はもとより，全教師が組織的計画的に教育活動に関与することが必要とされている。担任をもたない専科の教師であっても，児童会活動，クラブ活動，生徒会活動，学校行事，そして総合的な学習（探究）の時間については指導をすることになる。そのため，教師にとって特別活動および総合的な学習（探究）の時間の知識と指導力は不可欠である。

　特別活動は，小学校から高等学校までの学校段階で実施されている教育活動である。児童生徒にとっては，体験を通して社会性などを学ぶ時間である。そのために教師は，目標に基づいて学習指導の各内容を適切に実施することが求められる。指導方法としては，近年アクティブ・ラーニングが中心となっている。

　教師は自己の経験だけで特別活動を指導するのではなく，大学で学習する特別活動の理論と方法に基づいて指導する。教員養成の全国的なスタンダードとしての「教育職員免許法」があり，「教育職員免許法施行規則」で「特別活動の指導法」の実施が規定されている。本書は，この科目「特別活動の指導法」のテキストとして活用することを意図して編集した。

　本書では，学級活動，ホームルーム活動，児童会活動，生徒会活動，クラブ活動，学校行事といった具体的な内容に即して，図や表も活用し，作業課題も設定して，大学の授業でもアクティブ・ラーニングが実施できるように工夫した。本書が，全国の教員養成系大学・学部・学科で活用されることを願っている。そして，本書で学ぶ学生には，コミュニケーションの能力や協働性を重視する特別活動の創造に積極的に参加できる教師となれるよう，教育学の専門教育全般に関心をもっていただきたい。

　また,「教員職員免許法施行規則」では,「総合的な学習の時間の指導法」についても実施することが規定されている。「特別活動の指導法」と「総合的な学習の時間の指導法」は異なる内容であるが,内容の親和性は高い。そのため,大学によっては,合わせて2単位として,「特別活動・総合的な学習の時間の指導法」として実施することもある。日本固有の総合的な学習の時間 (Period for Inquiry-Based Cross-Disciplinary Study) には,世界規模で展開されている PBL (Problem Based Learning) の特徴がある。PBL は教育をはじめとして,医学,歯学,看護学,工学など実践の場で重視されている。これは,実践の場での問題解決が職業的スキルとして重要視されるためである。本テキストは,利用者の問題解決スキルの向上につながるように使っていただきたい。

　今回の改訂二版では,特別活動も総合的な学習(探究)の時間も,新学習指導要領に対応した評価の方法などの部分を加筆修正している。これまでと異なり,観点別学習状況評価の各観点は,「知識・技能」「思考・判断・実践」「主体的に学習に取り組む態度」の3観点に整理されている。

　最後に,本書出版のきっかけを与えてくださった学文社社長田中千津子氏と編集支援をしていただいた落合絵理氏に厚くお礼申し上げる。

2022年8月

第9巻編者　林　尚示

目　次

第1章

特別活動と
学級活動・ホームルーム活動

● **本章のねらい** ●

　本章では，小学校第1学年から高等学校卒業までの児童生徒が各学校段階で学習する特別活動とその内容の学級活動およびホームルーム活動（以下，学級活動・ホームルーム活動）について特質を探っていく。

　まずは特別活動について説明し，次に特別活動と学級活動・ホームルーム活動の関係を明らかにする。そして，学校段階に着目し，小学校の学級活動，中学校の学級活動，高等学校のホームルーム活動のそれぞれについて詳細に特徴を明らかにしていく。それぞれの学校段階の学級活動・ホームルーム活動については，目標，内容，指導計画の作成，内容の取扱い，活動の評価についてみていく。最後に，各学校段階を超えた学級活動・ホームルーム活動の一貫性と，各学校段階での学級活動・ホームルーム活動の独自性について考察する。

第1節　特別活動とは

　まず，特別活動について説明したい。日本の学校教育は大きくは学習指導と生徒指導および進路指導（以下・生徒指導・進路指導）に区分できる。それらの関係は次のとおりである（**図1.1**）。

　生徒指導・進路指導の中では意図的な学習指導は行われないが，学習指導の時間中に生徒指導・進路指導が行われることがある。学習指導の時間では

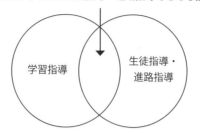

学習指導でもあり生徒指導・進路指導でもある部分

図1.1　学習指導と生徒指導・進路指導

なくても生徒指導・進路指導が行われるという関係である。そして，特別活動は学習指導と生徒指導・進路指導のどちらの活動かといえば，学習指導である。学習指導の特徴は文部科学省の学習指導要領に準拠することである。生徒指導・進路指導の特徴は文部科学省の『生徒指導提要』や「キャリア教育の手引き」に準拠することである。それでは，学習指導の中で特別活動はどのように位置づいているかを学習指導要領の目次にみてみよう（**図1.2**）。

小学校学習指導要領	中学校学習指導要領
前文	前文
第1章　総　　　則	第1章　総　　　則
第2章　各　教　科	第2章　各　教　科
第1節　国　　　語	第1節　国　　　語
第2節　社　　　会	第2節　社　　　会
第3節　算　　　数	第3節　数　　　学
第4節　理　　　科	第4節　理　　　科
第5節　生　　　活	第5節　音　　　楽
第6節　音　　　楽	第6節　美　　　術
第7節　図画工作	第7節　保健体育
第8節　家　　　庭	第8節　技術・家庭
第9節　体　　　育	第9節　外　国　語
第10節　外　国　語	
第3章　特別の教科　道徳	第3章　特別の教科　道徳
第4章　外国語活動	第4章　総合的な学習の時間
第5章　総合的な学習の時間	第5章　特別活動
第6章　特別活動	

図1.2　小学校・中学校の「学習指導要領」の目次

　総則は学習指導要領全体に関する内容である。特別活動は各教科，外国語活動，総合的な学習の時間と同様に一つの章として取り扱われている。なお，高等学校も同様の取り扱いである。特別活動は小学校では学習指導要領の第6章，中学校と高等学校では第5章である。

　以下，学習指導要領における特別活動の内容について詳しく解説していく。

第2節　特別活動と学級活動・ホームルーム活動

1.　学校段階別の特別活動の目標——共通点と相違点

　小学校，中学校，高等学校の特別活動の目標は概ね共通しており，次のようになっている。資質・能力の (3) 以外は共通であることがわかる。

　集団や社会の形成者としての見方・考え方を働かせ，様々な集団活動に自主的，実践的に取り組み，互いのよさや可能性を発揮しながら集団や自己の生活上の課題を解決することを通して，次のとおり資質・能力を育成することを目指す。
(1) 多様な他者と協働する様々な集団活動の意義や活動を行う上で必要となることについて理解し，行動の仕方を身に付けるようにする。
(2) 集団や自己の生活，人間関係の課題を見いだし，解決するために話し合い，合意形成を図ったり，意思決定したりすることができるようにする。
(3) 自主的，実践的な集団活動を通して身に付けたことを生かして，【1】集団や社会に【2】生活及び人間関係をよりよく形成するとともに，【3】【4】生き方についての【5】を深め，自己実現を図ろうとする態度を養う。

　一方，小学校，中学校，高等学校の特別活動の目標の相違点は以下である。

【1】について
　小学校と中学校は何も入らないが高等学校は【主体的に】が入る。
【2】について
　小学校と中学校は【社会における】であるが，高等学校【社会に参画

3

し】となっている。

【3】について

　小学校は【自己の】であるが，中学校と高等学校は【人間としての】となっている。

【4】について

　小学校と中学校は何も入らないが高等学校は【在り方】が入る。

【5】

　小学校と中学校は【考え】であるが，高等学校は【自覚】となっている。

　特に【3】の【人間としての】という部分については，中学校では道徳科の目標にある「人間としての生き方についての考えを深める学習」の部分とも対応している。小学校では，道徳科の目標にある「自己の生き方についての考えを深める学習」とも対応して特別活動でも，【自己の】生き方と表記されている。

　自己（self）とは，心理学等で活用される概念で，主として自分によって意識される自分自身のことを指す。それに対して，人間（human being）とは，社会的なありかたや人格を中心にとらえた概念である。

　共通点としては，「集団や社会の形成者としての見方・考え方」を働かせながら「様々な集団活動に自主的，実践的に取り組み，互いのよさや可能性を発揮しながら集団や自己の生活上の課題を解決する」ことを通して，資質・能力を育むことを目指すことである。今回の学習指導要領の改訂では，目標の部分で示した資質・能力を育成するための学習において重要な視点として，「人間関係形成」「社会参画」「自己実現」の三つの視点を示している。

2.　学校段階別の学級活動・ホームルーム活動の目標

　特別活動の目標は小学校から高等学校まで資質・能力育成の活動として共通していることがわかった。次に，小学校から高等学校までのそれぞれの学校段階での特別活動の目標を達成するために内容の一つである学級活動・ホームルーム活動の目標について特徴的な用語を列挙してみよう（**図1.3**）。

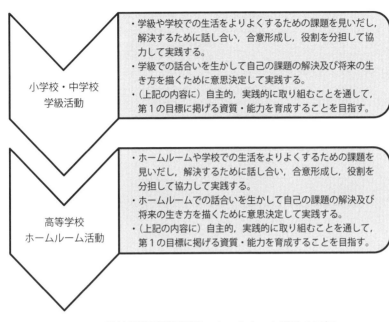

図1.3　学校段階別学級活動・ホームルーム活動の目標

　小学校の学級活動と中学校の学級活動の目標は一致しており，また，高等学校のホームルーム活動も，「学級」が「ホームルーム」となっている部分を除くと，小学校・中学校の学級活動と目標は一致している。小学校から高等学校まで，学級活動・ホームルーム活動は共通の目標を追求していく教育活動なのである。

3.　学校段階別の学級活動の内容

　小学校学級活動，中学校学級活動，高等学校ホームルーム活動は，内容に共通点が多い。具体的には，小学校から高等学校まで「(1) 学級や学校における生活づくりへの参画」「(2) 日常の生活や学習への適応と自己の成長及び健康安全」「(3) 一人一人のキャリア形成と自己実現」の3部構成で学級活動とホームルーム活動が構成されている。

　学校段階別に並べてみると，小学校のみ「(2) 日常の生活や学習への適応

表 1.1　学校段階別の学級活動・ホームルーム活動の内容

小学校	中学校	高等学校
(1) 学級や学校における生活づくりへの参画	**(1) 学級や学校における生活づくりへの参画**	**(1) ホームルームや学校における生活づくりへの参画**
ア　学級や学校における生活上の諸問題の解決	ア　学級や学校における生活上の諸問題の解決	ア　ホームルームや学校における生活上の諸問題の解決
イ　学級内の組織づくりや役割の自覚	イ　学級内の組織づくりや役割の自覚	イ　ホームルーム内の組織づくりや役割の自覚
ウ　学校における多様な集団の生活の向上	ウ　学校における多様な集団の生活の向上	ウ　学校における多様な集団の生活の向上
(2) 日常の生活や学習への適応と自己の成長及び健康安全	**(2) 日常の生活や学習への適応と自己の成長及び健康安全**	**(2) 日常の生活や学習への適応と自己の成長及び健康安全**
ア　基本的な生活習慣の形成	ア　自他の個性の理解と尊重，よりよい人間関係の形成	ア　自他の個性の理解と尊重，よりよい人間関係の形成
イ　よりよい人間関係の形成	イ　男女相互の理解と協力	イ　男女相互の理解と協力
ウ　心身ともに健康で安全な生活態度の形成	ウ　思春期の不安や悩みの解決，性的な発達への対応	ウ　国際理解と国際交流の推進
エ　食育の観点を踏まえた学校給食と望ましい食習慣の形成	エ　心身ともに健康で安全な生活態度や習慣の形成	エ　青年期の悩みや課題とその解決
	オ　食育の観点を踏まえた学校給食と望ましい食習慣の形成	オ　生命の尊重と心身ともに健康で安全な生活態度や規律ある習慣の確立
(3) 一人一人のキャリア形成と自己実現	**(3) 一人一人のキャリア形成と自己実現**	**(3) 一人一人のキャリア形成と自己実現**
ア　現在や将来に希望や目標をもって生きる意欲や態度の形成	ア　社会生活，職業生活との接続を踏まえた主体的な学習態度の形成と図書館等の活用	ア　学校生活と社会的・職業的自立の意義の理解
イ　社会参画意識の醸成や働くことの意義の理解	イ　社会参画意識の醸成や勤労・職業観の形成	イ　主体的な学習態度の確立と学校図書館等の活用
ウ　主体的な学習態度の形成と学校図書館等の活用	ウ　主体的な進路の選択と将来設計	ウ　社会参画意識の醸成や勤労観・職業観の形成
		エ　主体的な進路の選択決定と将来設計

（出所）学習指導要領（平成 29・30 年告示）より作成

と自己の成長及び健康安全」で「ア基本的な生活習慣の形成」を指導することが小学校の特徴となっている。

　これは，小学校では，幼稚園，認定こども園，保育所等との接続に配慮して，児童の持ち物の整理整頓や衣服の着脱，挨拶，言葉遣いなどの基本的な生活習慣に関わる課題を指導することが必要なためである。

　そして，中学校までは私学であっても普通教育のみが実施されるため，小学校段階では，特別活動の学級活動に，進路選択の内容は用意されていない。中学校から高等学校へは中高一貫校などでの例外を除いて受験があり，進学希望者と募集する高等学校の間で選択が行われ，普通教育を施す普通科の高等学校に進学するか，専門教育も施す専門学科の高等学校に進学するか，普通教育と専門教育の両方を総合的に施す総合学科に進学するかを選択することとなる。そのため，中学校や高等学校では進路選択の内容は小学校と比較して相対的に重要度が高まっている。**表1.1** は，学校段階別の学級活動の内容を示したものである。特徴的な部分は太字としている。以下，小学校，中学校，高等学校とそれぞれの段階別に詳しくみてみよう。

第3節　小学校の学級活動

1.　小学校の学級活動の目標

　特別活動の目標の下に学級活動，児童会活動，クラブ活動，学校行事の目標が設定されている（**表1.2**）。

　特別活動は他の教科等と比較すると，全体目標を設定している点は共通だが，学年別ではなく内容別に目標設定されていることが相違点であることがわかる。なお，先にも説明したが，小学校の学級活動の目標は，次のとおりである。

小学校の学級活動の目標

　学級や学校での生活をよりよくするための課題を見いだし，解決するために

7

話し合い，合意形成し，役割を分担して協力して実践したり，学級での話合いを生かして自己の課題の解決及び将来の生き方を描くために意思決定して実践したりすることに，自主的，実践的に取り組むことを通して，第 1 の目標に掲げる資質・能力を育成することを目指す。

表 1.2　小学校教科等の目標の区分

【教科等】	【目標の区分】
1　国語	全体　1・2 年，3・4 年，5・6 年
2　社会	全体　3 年，4 年，5 年，6 年
3　算数	全体　1 年，2 年，3 年，4 年，5 年，6 年
4　理科	全体　3 年，4 年，5 年，6 年
5　生活	全体　1・2 年
6　音楽	全体　1・2 年，3・4 年，5・6 年
7　図画工作	全体　1・2 年，3・4 年，5・6 年
8　家庭	全体
9　体育	全体　1・2 年，3・4 年，5・6 年
10　外国語	全体　英語
11　特別の教科　道徳	全体
12　外国語活動	全体　英語
13　総合的な学習の時間	全体　各学校において定める目標
14　特別活動	全体　学級活動，児童会活動，クラブ活動，学校行事

（全体とは教科等の全体目標のこと。学年等の区分は学年等でも目標を設定していること。）

表 1.3　特別活動の目標と学級活動の目標の共通点と特色

	特別活動	学級活動
共通点	1　課題を見いだす 2　解決するために話合う 3　合意形成する 4　自主的，実践的に取り組む	
特色（表現の異なる部分）	・集団や社会の形成者としての見方・考え方を働かせる ・互いのよさや可能性を発揮する ・集団や自己の生活上の課題を解決する ・三つの資質・能力が詳細に記されている	・学級や学校での生活をよりよくする ・役割を分担して協力して実践する ・学級での話合いを生かして自己の課題の解決及び将来の生き方を描く

　この学級活動の目標を特別活動の目標と比較すると，**表1.3**のような特徴を指摘することができる。

　学級活動は，「学級や学校での生活をよりよくする」「役割を分担して協力して実践する」「学級での話合いを生かして自己の課題の解決及び将来の生き方を描く」の部分に特徴がある。

2.　小学校の学級活動の内容

　小学校の学級活動は，内容群では三つに区分されており，発達段階別でも小学校6年間を2年ずつ区切る低学年，中学年，高学年の3段階に区分されている。

　ここでは，低学年で「自分の意見を発表する，基本的な生活習慣などを理解する，生活をよくするための目標を決めて実行する」などが重視される。中学年で「理由を明確にして考えを伝える，自分のよさや役割を自覚する，節度ある生活を送る」などが重視される。高学年で「相手の思いを受け止めて聞く，高い目標をもって粘り強く努力する，自他のよさを伸ばし合う」などが重視される。

表1.4　小学校学級活動の発達段階別の内容の取扱い

学年	内容
〔第1学年及び第2学年〕	話合いの進め方に沿って，自分の意見を発表したり，他者の意見をよく聞いたりして，合意形成して実践することのよさを理解すること。基本的な生活習慣や，約束やきまりを守ることの大切さを理解して行動し，生活をよくするための目標を決めて実行すること。
〔第3学年及び第4学年〕	理由を明確にして考えを伝えたり，自分と異なる意見も受け入れたりしながら，集団としての目標や活動内容について合意形成を図り，実践すること。自分のよさや役割を自覚し，よく考えて行動するなど節度ある生活を送ること。
〔第5学年及び第6学年〕	相手の思いを受け止めて聞いたり，相手の立場や考え方を理解したりして，多様な意見のよさを積極的に生かして合意形成を図り，実践すること。高い目標をもって粘り強く努力し，自他のよさを伸ばし合うようにすること。

（出所）小学校学習指導要領より。下線は筆者による。

低学年　　　　　　　中学年　　　　　　　　高学年

意見発表
生活習慣
目標

理由
よさや役割
節度

相手の思い
高い目標
自他を伸ばし合う

図1.4　小学校学級活動の系統的内容

3.　小学校学級活動の指導計画の作成

(1) 小学校特別活動全般の指導計画

　特別活動全般の指導計画については，配慮する事項として，学校の創意工夫，学級や学校の実態や児童の発達の段階，児童による自主的，実践的な活動が助長，各教科等との関連を図ること，家庭や地域の人々との連携，社会教育施設等の活用など，工夫できる点は多々ある。ここからは，①学校の創意工夫，②学級や学校の実態，③児童の発達段階，④自主的，実践的な活動の助長，⑤他の学習指導領域との関連，⑥家庭・地域連携，⑦社会教育施設等の活用，などの七つの視点が抽出できる。

　学校の創意工夫や社会教育施設等の活用は学校行事を中心に展開できる。学級や学校の実態，児童の発達段階，自主的，実践的な活動の助長，他の学習指導領域との関連は学級活動でも，児童会活動でも，クラブ活動でも，学校行事でも配慮を要する。家庭・地域連携は生徒会活動や学校行事で特に配慮を要する。

　これらの配慮の視点は，計画段階で意識しておかなければ一貫した特別活動の指導は困難となる。そのため，これらの配慮の視点をワークシートにして図示できるようにしたものを開発した。教員養成段階でも，校内研修でも活用できるようにしたものを**図 1.5**に示す。学校の創意工夫は各学校の教育目標と関連づけて教育目標達成のための工夫とする。社会教育施設等の活用

問　特別活動の全体計画や各活動・学校行事の年間指導計画の作成の際に配
　　慮できる内容を具体的に記述せよ。

①学校の創意工夫

②学級や学校の実態

③児童の発達段階

④自主的，実践的な活動の助長

⑤他の学習指導領域との関連

⑥家庭・地域連携

⑦社会教育施設等の活用

図1.5　特別活動指導計画作成の配慮事項ワークシート

については，例えば複数校合同の音楽会などを開催する際に地域の施設を利用することなどもある。

(2) 小学校学級活動の指導計画

　小学校の学級活動の指導計画については，児童が自ら現在及び将来の生き方を考えることができるよう工夫することも重要となる。

　児童に自らの現在及び将来の生き方を考えさせることは，キャリア教育とも重なる内容である。キャリア教育とは，「一人一人の社会的・職業的自立に向け，必要な基盤となる能力や態度を育てることを通して，キャリア発達を促す教育」（中央教育審議会　2011: 16）と定義されている。そして，中央教員審議会や文部科学省は，キャリア教育が様々な教育活動を通して実践されるとしている。その様々な教育活動の一つに学級活動がある。学習指導要領による児童の「将来の生き方」は「一人一人の社会的・職業的自立」をさす。そして，学習指導要領による児童の「現在」の生き方が一人一人の社会的・職業的自立に向けて「必要な基盤となる能力や態度を育てる」ことをさす。

　このように考えると，特別活動の中でキャリア教育を実施する中心的な時間として学級活動を位置づけることができる。なお，キャリア教育は，学級活動以外でも，例えば，学校行事の勤労生産・奉仕的行事で展開が可能である。このことから，学級活動と勤労生産・奉仕的行事を関連させたキャリア教育の指導計画が考えられる。

　学級活動の指導計画にも，年間指導計画と数単位時間の指導計画がある。数単位時間の指導計画は，各教科等では「学習指導案」と呼ばれている。学級活動も「学習指導要領」に規定された学習指導の内容であるため，「学習指導案」と呼ぶことに支障はないが，活動を重視する立場から，「活動案」などのような表現でもよい。ここでは，学級活動の年間指導計画作成のためのワークシートを提示したい（図1.6）。活動内容は**表1.1**，学年別内容は**表1.4**を参照して記入し，月単位で内容を決めるワークシートである。

月	学級活動の〔共通事項〕	低・中・高学年別の内容	具体的な題材名	各教科等との関連
4				
5				
6				
7				
8				
9				
10				
11				
12				
1				
2				
3				

図 1.6　キャリア教育を関連させた学級活動の年間指導計画ワークシート

（備考）活動内容は表1.1，学年別内容は表1.4を参照すること。

4. 小学校学級活動の内容の取扱い

　小学校の学級活動の内容の取扱いについては，教師の適切な指導の下に，児童の自発的，自治的な活動が効果的に展開されるようにするとともに，内容相互の関連を図るよう工夫すること。また，よりよい生活を築くために集団としての意見をまとめるなどの話合い活動や自分たちできまりをつくって守る活動，人間関係を形成する力を養う活動などを充実するよう工夫されてきた。

　この中で，特に教師の適切な指導について説明を深めたい。教師が学級活動，児童会活動，クラブ活動を指導する。その指導のスタイルはそれぞれ異なる。学級活動であれば，各教科の指導と同様に学級単位で指導できる。しかし，児童会活動の場合は各教師が指導方針を共有しなければ指導に齟齬が出る。クラブ活動の場合は一般的には学習集団が少人数となるので個別指導をしやすい。学級活動は同年齢集団であるが，児童会活動やクラブ活動は異年齢集団で実施されるため，学習集団の同質性も異なる。

　このように学習集団の規模や同質性が異なる対象に対して，従来から，次のような指導方法や指導体制の工夫がなされてきた（**図1.7**）。

・個別指導
　クラブ活動での技能の差を縮めるために特定の児童に対して指導する場面などで活用可能。
・グループ別指導
　学級活動の話合い活動で生活班による意見交換を活用する場面などで選択可能。
・繰り返し指導
　学級活動で学級の目標を徹底させたい場合などで，複数回の授業で同様の内容を繰り返して児童に伝える場面などで活用可能。
・学習内容の習熟の程度に応じた指導
　クラブ活動での学年による差を考慮した指導をする場面などで活用可能。
・児童の興味・関心等に応じた課題学習の指導

図 1.7　教師の適切な指導の例

　児童会活動で当該年度の児童会の活動目標を選定する場面などで活用可能。
・補充的な学習や発展的な学習などの学習活動を取り入れた指導
　クラブ活動で学年によっては基礎的な部分の練習，上級生になるほど発展
的な練習に挑戦させる場合の指導などに活用可能。
・教師間の協力的な指導
　児童会活動の集会活動の場面で児童会の執行部が計画した内容を全校の児
童に伝達する際などに活用可能。

　小学校の学級活動に置いても，道徳科との関連や生徒指導との関連はある。
まずは道徳と学級活動との関連について検討してみたい。
　2000（平成 12）年の教育改革国民会議以降，道徳の教科化の流れが続き，
2008（平成 20）年の教育再生会議でも徳育（道徳）を「教科」として充実させ
るという方向性が示された。また，2013（平成 25）年の教育再生実行会議で
もいじめ問題等への対応のために道徳を教科化することが指摘され，同年の
教育の充実に関する懇談会は「今後の道徳教育の改善・充実方策について（報
告）～新しい時代を，人としてより良く生きる力を育てるために～」で「特

別の教科　道徳」を提案した。このような検討の流れを受けて，中央教育審議会は2014（平成26）年に「道徳に係る教育課程の改善等について（答申）」を出して現行の道徳の時間を「特別の教科　道徳」として位置づけることを求めた。

　答申の中では，「特別の教科　道徳」では道徳的諸価値を扱い，特別活動は「道徳的実践の中心的な学習活動の場として位置付けられる特別活動」（中央教育審議会　2014: 7）と説明されている。つまり，「特別の教科　道徳」と特別活動のつながりは図1.8のように強い。

　続いて，生徒指導と学級活動との関連について『生徒指導提要』をもとに説明する。

> 　教育機能としての生徒指導は，教育課程の内外の全領域において行わなければならないものです。学級活動などの特別活動は，集団や社会の一員としてよりよい生活や人間関係を築き，人間としての生き方について自覚を深め，自己を生かす能力を養う場であり，生徒指導のための中核的な時間となると考えられます。
> （『生徒指導提要』第1章第1節2.（3））

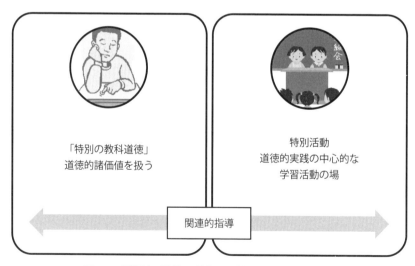

図1.8　「特別の教科　道徳」と特別活動のつながり

『生徒指導提要』では，学級活動は生徒指導の中核的な時間として考えられている。学級担任の教師により，計画的に生徒指導が行われるためには時間枠が必要であり，その時間枠に当たるのが学級活動である。いわば，学級活動は生徒指導の要の時間として位置づいていると考えるとよい。この学級活動を活用して，学級のすべての児童を対象とした生き方指導をしていくことができる。

5.　小学校の学級活動の評価
(1) 評価指導に際しての評価
　学習指導に際して，従来から，学校教育では児童のよい点や進歩の状況などを積極的に評価するとともに，指導の過程や成果を評価し，指導の改善を行い学習意欲の向上に生かすようにしてきた。つまり，特別活動も評価は成果だけではなく指導の過程も評価対象である。また，教師自身にとっては指導の改善を図るために評価を行い，児童のためには学習意欲の向上のために評価を行う。そのために，学級活動でも，児童のよい点，進歩の状況といった学習意欲につながる視点を重視している（図1.9）。

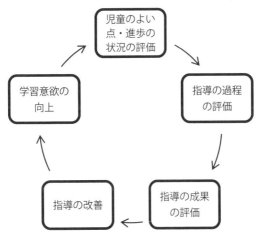

図1.9　学習指導要領の「総則」をもとにした評価モデル

(2) 「小学校児童指導要録」による評価

　小学校学習指導要領が指導計画作成の根拠であるとするならば，学習の記録の根拠となるのは「小学校児童指導要録」である。小学校学習指導要領は冊子として頒布されているが，「小学校児童指導要録」は冊子としての頒布ではなく，文部科学省初等中等教育局長から各都道府県教育委員会等へ通知される文書である。最新のものは「小学校，中学校，高等学校及び特別支援学校等における児童生徒の学習評価及び指導要録の改善等について（通知）」（2010 年）である。

　この通知では，小学校の特別活動の記録について，まずは，各学校が自ら特別活動全体に係る評価の観点を定めて，各活動や学校行事について，児童が十分満足できる状況の場合に〇印を記入することとしている。記入する欄は，「小学校児童指導要録」の「様式 2（指導に関する記録）」の「特別活動の記録」の欄である。クラブ活動は主として第 4 学年以上で実施されるため，評価も第 4 学年以上で行われるが，それ以外の学級活動，児童会活動，学校行事は第 1 学年から第 6 学年のすべてで記録を行う。各学校で設定する評価の観点に照らした〇印と無印の 2 段階評価である（**図 1.10**）。

　「小学校特別活動の記録」をする際の評価の観点とその趣旨については，次のように参考を定めている（**表 1.5**）。

特　別　活　動　の　記　録							
内　　　容	観　　点 ＼ 学　　年	1	2	3	4	5	6
学級活動							
児童会活動							
クラブ活動							
学校行事							

図 1.10　小学校「特別活動の記録」の欄

（出所）「小学校児童指導要録（参考様式）」（文部科学省 2010b）様式 2 より抜粋。

表 1.5　小学校　特別活動の評価の観点と趣旨

観点	知識・技能	思考・判断・表現	主体的に学習に取り組む態度
趣旨	多様な他者と協働する様々な集団活動の意義や，活動を行う上で必要となることについて理解している。自己の生活の充実・向上や自分らしい生き方の実現に必要となることについて理解している。よりよい生活を築くための話合い活動の進め方，合意形成の図り方などの技能を身に付けている。	所属する様々な集団や自己の生活の充実・向上のため，問題を発見し，解決方法について考え，話し合い，合意形成を図ったり，意思決定をしたりして実践している。	生活や社会，人間関係をよりよく築くために，自主的に自己の役割や責任を果たし，多様な他者と協働して実践しようとしている。主体的に自己の生き方についての考えを深め，自己実現を図ろうとしている。

(出所)「小学校，中学校，高等学校及び特別支援学校等における児童生徒の学習評価及び指導要録の改善等について（通知）」（文部科学省 2019）より抜粋。

　小学校特別活動の記録の観点は，「知識・技能」「思考・判断・表現」「主体的に学習に取り組む態度」の3観点である（図1.11）。趣旨の具体的な表記は特別活動独自であるが，「知識・技能」「思考・判断・表現」「主体的に学習に取り組む態度」の3観点については，各教科，外国語活動，総合的な学習の時間と共通となっている。

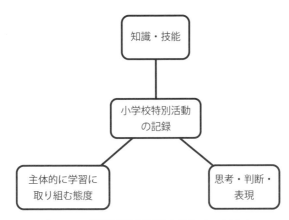

図 1.11　特別活動を記録するための 3 観点

(出所) 文部科学省（2019）をもとに作成。

第4節　中学校の学級活動

1.　中学校の学級活動の目標
(1) 中学校学級活動の位置づけ

　小学校の学習指導は10教科の各教科と道徳科，外国語活動，総合的な学習の時間，特別活動で大きく5領域であった。中学校の学習指導は，各教科の名称は一部異なるものの同一または類似した教科で構成されている。そして各教科以外の領域は外国語活動が省かれており，道徳科，総合的な学習の時間，特別活動で構成される。そのため，中学校の場合，全体としては大きく4領域となる。

　小学校と比較した場合，5領域の一つという位置づけが4領域の一つになるため，特別活動の領域としての重みは増してくる。中学校は小学校と異なり，クラブ活動が特別活動に含まれていない。小学校の場合は，学級活動，児童会活動，クラブ活動，学校行事の四つの内容を総合的に生かして特別活動の目標を達成していく。それに対して，中学校の場合は，学級活動，生徒会活動，学校行事の三つの内容を活用して特別活動の目標を達成していくこととなる。

(2) 中学校学級活動の目標

　中学校学級活動の目標は学習指導要領によって次のように定められている。

中学校の学級活動の目標

> 　学級や学校での生活をよりよくするための課題を見いだし，解決するために話し合い，合意形成し，役割を分担して協力して実践したり，学級での話合いを生かして自己の課題の解決及び将来の生き方を描くために意思決定して実践したりすることに，自主的，実践的に取り組むことを通して，第1の目標に掲げる資質・能力を育成することを目指す。

（下線は筆者による）

　学級活動の目標について，小中学校の記載内容は同一である。ここでの，「第1の目標に掲げる資質・能力」とは，具体的には次の資質・能力を指している。

---

(1) 多様な他者と協働する様々な集団活動の意義や活動を行う上で必要となることについて理解し，行動の仕方を身に付けるようにする。
(2) 集団や自己の生活，人間関係の課題を見いだし，解決するために話し合い，合意形成を図ったり，意思決定したりすることができるようにする。
(3) 自主的，実践的な集団活動を通して身に付けたことを生かして，集団や社会における生活及び人間関係をよりよく形成するとともに，人間としての生き方についての考えを深め，自己実現を図ろうとする態度を養う。

（文部科学省 2017b: 162）

2.　中学校学級活動の内容

　中学校学級活動の内容は先の**表 1.1** に示し，小学校との比較をした。ここでは，他校種との比較ではなく，中学校の内容に特化して見てみよう。中学校の学級活動は，小学校と同様に3部構成の内容で構成されている。具体的には，**図 1.12** に示す。

図 1.12　中学校学級活動の内容

「(3) 一人一人のキャリア形成と自己実現」の分類については，学業指導

の側面とキャリア教育の側面から項目を区分することができる。含まれる項目では，主体的な学習態度の形成については学業指導に区分できる。そして，勤労観・職業感の形成や，主体的な進路の選択と将来設計の項目はキャリア教育に区分できる。

表 1.6　「(3) 一人一人のキャリア形成と自己実現」の分類

学業指導	キャリア教育
ア　社会生活，職業生活との接続を踏まえた主体的な学習態度の形成と学校図書館等の活用	イ　社会参画意識の醸成や勤労観・職業観の形成 ウ　主体的な進路の選択と将来設計

3.　中学校学級活動の指導計画の作成
(1) 中学校特別活動全般の指導計画

　中学校の特別活動は学級活動，生徒会活動，学校行事という一見すると独立性の高いそれぞれの活動で構成されているが，各活動は特別活動の共通の目標のもとに指導されている。それらの関係の概要は次のようになる (図 1.13)。
　まず学校は学習指導要領，市民憲章等，市町村等における重点目標などを

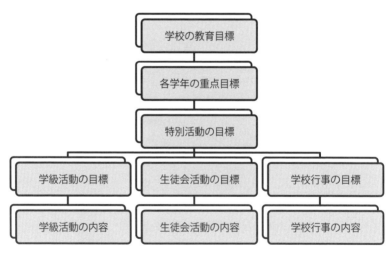

図 1.13　中学校特別活動全般の指導計画の概念図

受けて学校の教育目標を設定する。次に，各学年の重点目標を設定する。その重点目標は教育課程を構成する各教科，教科外の領域などで指導する。特別活動も教育課程を構成する領域であるため，学習指導要領等に基づいて学校の特別活動の目標を設定する。そして，その特別活動の目標を達成するために，学級活動の目標，生徒会活動の目標，学校行事の目標を設定する。そのうえで，学級活動の目標，生徒会活動の目標，学校行事の目標にそれぞれ対応する学級活動の内容，生徒会活動の内容，学校行事の内容を設定する。このような考え方であるため，生徒会活動や学校行事のような異年齢集団活動であっても，学年によって具体的な評価の観点や評価の仕方が異なることがある。

　なお，中学校特別活動全般の指導計画を立案する際には，学級活動には年間35単位時間，それ以外の生徒会活動と学校行事には適切な授業時数を当てることとなっている。そのため，生徒会活動や学校行事は，それぞれの学校

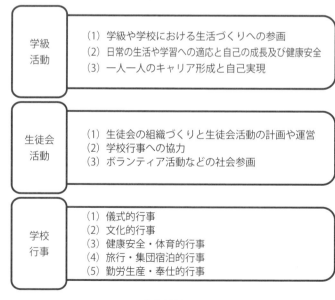

図1.14　中学校特別活動の内容

の伝統や実態，生徒の実態，地域の実態などを勘案してどの程度の時間配当が適切であるかということを学年全体や学校全体で検討しなければならない。

　図1.13から，最終的には学校の教育目標を達成するために特別活動が行われていることがわかる。そして，特別活動の目標を達成するために学級活動，生徒会活動，学校行事が行われていることもわかる。図1.14のように中学校の学級活動は3項目に区分できるが，同様に生徒会活動は3項目に，そして学校行事も5項目に区分できる。

(2) 中学校学級活動の指導計画

　中学校の学級活動の指導計画については，学級活動でガイダンスの機能を充実させることを示した部分である。ガイダンスの充実は，学校の教育活動全体を通じて行われるが，その中でも学級活動の役割は大きい。

　ガイダンス (guidance) とは，一般的には，初心者への初歩的な指導，自己の能力を発揮できるような助言，進路決定などについての援助などのことをいう。その場合は集団指導ばかりではなく個別指導のイメージもある。しかし，学校教育で実施される学級活動でのガイダンスの機能は，主として集団指導型の生徒指導のことである。学業への適応のためのガイダンスであれば学業指導，学級等への適応の指導であれば社会性指導，感染症予防のための指導であれば健康・安全指導，高校選択の指導であれば進路指導などが考えられる。ガイダンスの機能の充実とは，いわば集団指導型の開発的・予防的な生徒指導の充実とも言い換えられる。

　学級活動の3項目のそれぞれの内容を縦軸として，そしてガイダンスの機能を横軸として表にすると表1.6のように整理することができる。

　このようにみると，生徒指導に従来から含まれると考えられているもののうち，余暇指導以外の生徒指導がガイダンスの機能として学級活動の小項目と関連していることがわかる。

表1.6　中学校学級活動とガイダンスの機能の充実

大項目		小項目	ガイダンスの機能
(1) 学級や学校における生活づくりへの参画	ア	学級や学校における生活上の諸問題の解決	社会性指導
	イ	学級内の組織づくりや役割の自覚	社会性指導
	ウ	学校における多様な集団の生活の向上	社会性指導
(2) 日常の生活や学習への適応と自己の成長及び健康安全	ア	自他の個性の理解と尊重，よりよい人間関係の形成	道徳性指導
	イ	男女相互の理解と協力	道徳性指導
	ウ	思春期の不安や悩みの解決，性的な発達への対応	個人的適応指導
	エ	心身ともに健康で安全な生活態度や習慣の形成	健康・安全指導
	オ	食育の観点を踏まえた学校給食と望ましい食習慣の形成	健康・安全指導
(3) 一人一人のキャリア形成と自己実現	ア	社会生活，職業生活との接続を踏まえた主体的な学習態度の形成と図書館等の活用	学業指導
	イ	社会参画意識の醸成や勤労観・職業観の形成	進路指導
	ウ	主体的な進路の選択と将来設計	進路指導

（出所）中学校学習指導要領より作成。

4.　中学校学級活動の内容の取扱い

(1) 学級活動と生徒会活動・学校行事の内容の取扱いの比較

　中学校の学級活動の内容の取扱いについては，学級活動については年間35週以上にわたって行うこととなっている。また，生徒会活動と学校行事については，内容に応じて適切な授業時数を充てるものとされている。中学校各活動と学校行事の内容の取扱いの配慮事項の概要を整理すると次のようになる。

表 1.7　中学校各活動と学校行事の内容の取扱いの配慮事項の概要

学級活動	生徒会活動	学校行事
資質・能力の育成に向けて，生徒の主体的・対話的で深い学びの実現を図るようにすること。		
学級活動における生徒の自発的，自治的な活動を中心として，各活動と学校行事を相互に関連付けること。		学校行事の年間指導計画を作成すること。
指導内容の特質に応じて，教師の適切な指導の下に，生徒の自発的，自治的な活動が効果的に展開されるようにすること。		入学式や卒業式などにおいては，その意義を踏まえ，国旗を掲揚するとともに，国歌を斉唱するよう指導すること。

(出所) 中学校学習指導要領より作成。

(2) 中学校学級活動の内容の取扱いの特徴

　国立教育政策研究所教育課程研究センターでは，学級活動の話合い活動を中心にして学級や学校の文化を創造することを提案している (国立教育政策研究所教育課程研究センター　2014)。ここでは，学級活動の話合い活動に焦点化する意義について，学校教育の基盤を特別活動が支えていること，そのため，学級担任が生徒に関わる限られた時間として学級活動を大切にしなければならないとしている (図 1.15)。

　なお，潜在的カリキュラムについては，「校風や校則，地域と連携した授業や行事の進め方や教育観など，生徒たちの相互の集団形成や班や係りなど学級固有の活動が内容として挙げられる」(国立教育政策研究所教育課程研究センター　2014: 2) としている。

　学級・学校文化には成文化されたものもあるが，潜在的な部分もある。この潜在的な部分に，生徒会活動や学校行事とともに学級活動が深く関わっている。集団での合意形成といった社会的資質の育成の面からも，効果的な自己決定といった個人的な資質の面からも，学級活動は学習指導要領の意図を時として超えて発展的に取り扱われる。

　現在，教育改革の中でもアクティブ・ラーニング (Active Learning) の導入が検討され，学級活動の特徴についてもアクティブ・ラーニングの側面を指

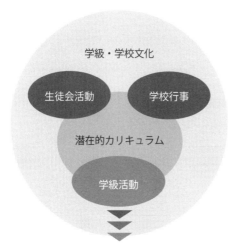

図1.15　学級・学校文化と特別活動の関係認識
（出所）国立教育政策研究所教育課程研究センター（2014: 2）

摘することができる。具体的には，話合い活動では，これまでにも，グルー
プ・ディスカッション，ディベートやグループワークが行われてきた。教育
改革では，一方的な講義形式の教育による受動的な学習スタイルの弊害を克
服するために，能動的な学習への参加を取り入れた教育方法が求められてい
る。このことによって，知識だけではなくむしろ関心・意欲・態度や思考・
判断・実践などの汎用的な能力の向上が期待されている。

　このような，今日的な新しい教育方法とされるものが，実はこれまでの学
級活動で大切にされてきた話合い活動の工夫とも一致している。学級活動は
学級会型と学級指導型に区分できる。そのうち，話合い活動は学級会型の活
動である。そこでの教師の適切な指導は，生徒が話合いの技術を習得できる
教育方法の提供であろう。

　学級活動はこれまでも参加型・能動型学習であった。現在は生徒指導の機
能を十分に生かした，自分たちの生活集団をよりよくしていくための方法と
して，アクティブ・ラーニングなどの教育方法を活用した生徒の自治的な活
動を推奨していきたい。このことが，生徒を将来の社会的自立と自治の実現

に近づけていける。自治とは自分たちに関することを自らの責任で処理することであるため，参加型・能動型の話合い活動の能力は自治の重要な要素となる。

5.　中学校の学級活動の評価

(1) 中学校学習指導要領「総則」による評価

　中学校学習指導要領「総則」でも小学校と同様に，指導計画の作成等に当たって配慮すべき事項の中で学習指導の評価について，「生徒のよい点や進歩の状況などを積極的に評価するとともに，指導の過程や成果を評価し，指導の改善を行い学習意欲の向上に生かすようにすること」と示されている。

　生徒や保護者など教師以外から見た場合，評価としては成果のみに目が行きがちである。しかし，教師は生徒の人間形成を担うという立場に立ち，人間形成の過程を大切にしている。そのため，よい点，進歩の状況，指導の過程があって指導の成果につながると考える。教師からの評価が生徒の学習意欲を低下させてしまっては生徒のためにもならない。1時間の活動の評価の場合でも，学年末の評価の場合でも，たとえば次のような文章で評価することができる。

【よい点】に着目した文例
・よい点は（　　　　　　　　　）である。
・優れた点は（　　　　　　　　　）である。
・強みは（　　　　　　　　　）である。
・秀逸な点は（　　　　　　　　　）である。
【進歩の状況】に着目した文例
・（　　　　　　　　　）が進歩した。
・（　　　　　　　　　）が向上した。
・（　　　　　　　　　）の力が伸びた。
・（　　　　　　　　　）についての視野が広がった。
【指導の過程】に着目した文例
・（　　　　　　　　）の場面で（　　　　　　）の力を発揮した。

---

(2)「中学校生徒指導要録」による評価

　中学校学習指導要領は教師指導計画を作成する際の根拠になる。そして実際に教師が指導した際の児童生徒の学習の記録は，中学校が作成する公文書である「中学校生徒指導要録」に残される。「小学校児童指導要録」と同様に「中学校生徒指導要録」は，文部科学省初等中等教育局長から各都道府県教育委員会等へ通知される文書である。最新のものは先にも示したとおり，「小学校，中学校，高等学校及び特別支援学校等における児童生徒の学習評価及び指導要録の改善等について（通知）」（2010年）である。

　中学校の特別活動の記録についても，まずは，各学校が自ら特別活動全体に係る評価の観点を定めて，各活動や学校行事について，生徒が十分満足できる状況の場合に〇印を記入することとしている。記入する欄は，小学校と同様に，「様式2（指導に関する記録）」の「特別活動の記録」の欄である。小学校との違いは，内容にクラブ活動が含まれないこと，児童会活動ではなく生徒会活動としていること，学年が6学年までではなく3学年までであることである。各学校で設定する評価の観点に照らした〇印と無印の2段階評価である点も，小学校と共通である。

　つまり，内容は若干異なるが評価の方法は共通であるため，教育改革の動向によっては，小中一貫型の特別活動の評価が十分に可能である（図1.16）。

内　　容	観　　点　　　　　学　　年	1	2	3
学級活動				
生徒会活動				
学校行事				

図1.16　中学校「特別活動の記録」の欄

(出所)「中学校生徒指導要録（参考様式）」（文部科学省 2010b）様式2より抜粋。

　次に，「中学校特別活動の記録」をする際の評価の観点とその趣旨につい

てみてみよう。文部科学省では，次のように参考を定めている（表1.8）。

表1.8　中学校　特別活動の評価の観点と趣旨

観点	知識・技能	思考・判断・表現	主体的に学習に取り組む態度
趣旨	多様な他者と協働する様々な集団活動の意義や，活動を行う上で必要となることについて理解している。自己の生活の充実・向上や自己実現に必要となる情報及び方法を理解している。よりよい生活を構築するための話合い活動の進め方，合意形成の図り方などの技能を身に付けている。	所属する様々な集団や自己の生活の充実・向上のため，問題を発見し，解決方法を話し合い，合意形成を図ったり，意思決定をしたりして実践している。	生活や社会，人間関係をよりよく構築するために，自主的に自己の役割や責任を果たし，多様な他者と協働して実践しようとしている。主体的に人間としての生き方について考えを深め，自己実現を図ろうとしている。

（出所）「小学校，中学校，高等学校及び特別支援学校等における児童生徒の学習評価及び指導要録の改善等について（通知）」（文部科学省 2019）より抜粋。

　ここからは，「特別活動の記録」の欄とともに，観点と趣旨についても，小中学校の共通性を指摘することができる。

　中学校で「生活や社会，人間関係をよりよく構築」という表現が用いられているのは，過去の中学校特別活動の目標に「社会の一員」という用語が加えられていたことと連動する。中学校の場合，生徒を将来の社会人としての自立に導きたいという教師その他の願いが強く表れている。生徒が社会生活上のルールを理解し尊重できるようにし，家庭や地域社会などで適切な行動がとれるようにすることが意図される。この中学校の評価の観点と趣旨は，教育基本法でいう教育の目的である「平和で民主的な国家及び社会の形成者」の育成という項目を強く意識している。中学校段階の生徒には，社会の形成者であるという気持ちを特別活動によって育てたい。

(3) 中学校学級活動での「社会の一員」についての評価

　これまでに，特別活動の評価の配慮事項，評価の観点，評価の趣旨について明らかにしてきた。それでは，中学校の特徴である「社会の一員」につい

ての評価を，学級活動をとおして検討してみよう。

　社会生活上のルールについては，窃盗や暴行などについて考えさせる未然防止型の学級活動が展開できるのではないだろうか。とくに暴行については，いじめ問題との関係も深いため，生徒指導とともに学級活動でも中心的に取扱いたい。

　学級活動の (2) 適応と成長及び健康安全の「ウ　社会の一員としての自覚と責任」が中心的内容となる。題材としては，万引きや自転車盗などの窃盗に関すること，公共の場所での落書きや器物損壊に関すること，インターネット上での著作権侵害や名誉毀損に関すること，いじめや暴力行為に関すること，他者がいやがる行為の強要に関することなどが取り扱える。具体的には次のような評価の例を示すことができる。

授業後の振り返り設問例

本時の活動をとおして思ったことをお答えください。
（5 はい，4 ややはい，3 どちらでもない，2 ややいいえ，1 いいえ）

問1　誰に対しても公平な行いをしたいですか　　　　5　4　3　2　1

問2　自分の行動を抑えられますか　　　　　　　　　5　4　3　2　1

問3　ルールがある意味がわかりましたか　　　　　　5　4　3　2　1

　問1は関心・意欲・態度を念頭に置いて設定し，問2は思考・判断・実践を念頭に置いて設定し，問3は知識・理解を念頭に置いて設定した。この設問例にとらわれる必要はないが，授業後の振り返りは大切である。学級活動の各授業の評価が月や学期ごとの評価に生かされ，月や学期ごとの評価が学年の評価につながるように学級活動の授業評価を構造的に計画すると，より客観的な評価が可能となる。

第5節　高等学校のホームルーム活動

1.　高等学校のホームルーム活動の目標

(1) 特別活動とホームルーム活動の目標

　先に高等学校特別活動の目標について紹介した。この目標を受けて，ホームルーム活動については，次のように目標設定されている。

高等学校のホームルーム活動の目標

> 　ホームルームや学校での生活をよりよくするための課題を見いだし，解決するために話し合い，合意形成し，役割を分担して協力して実践したり，ホームルームでの話合いを生かして自己の課題の解決及び将来の生き方を描くために意思決定して実践したりすることに，自主的，実践的に取り組むことを通して，第1の目標に掲げる資質・能力を育成することを目指す。

　高等学校の特別活動の目標と，ホームルーム活動の目標を比較してみると次のことがわかる。

　共通点としては，①課題を見いだすこと，②解決するために話し合うこと，③合意形成をすること，④自主的，実践的に行動すること，の4点を指摘できる。

2.　高等学校ホームルーム活動の内容

(1) ホームルームや学校における生活づくりへの参画

　「ホームルームや学校における生活づくりへの参画」は，「ア　ホームルームや学校における生活上の諸問題の解決」「イ　ホームルーム内の組織づくりや役割の自覚」「ウ　学校における多様な集団の生活の向上」の3項目で構成されている。この項目は小学校及び中学校の学級活動と同様の内容である。指導の特徴としては話合い活動型で展開されることが多い。主たる目標は社会的な資質に関するものである。

表1.9　高等学校ホームルーム活動の内容の特徴

番号	内容	指導の特徴	主たる目標
(1)	ホームルームや学校における生活づくりへの参画	話合い活動型	社会的な資質
(2)	日常の生活や学習への適応と自己の成長及び健康安全	学級指導型	個人的な資質
(3)	一人一人のキャリア形成と自己実現	キャリア教育型	在り方生き方

(2) 日常の生活や学習への適応と自己の成長及び健康安全

　高等学校のホームルーム活動の内容を大きく三つに区分した二つめは「日常の生活や学習への適応と自己の成長及び健康安全」である。これは**図1.17**に示すように，「ア　自他の個性の理解と尊重，よりよい人間関係の形成」「イ　男女相互の理解と協力」「ウ　国際理解と国際交流の推進」「エ　青年期の悩みや課題とその解決」「オ　生命の尊重と心身ともに健康で安全な生活態度や規律ある習慣の確立」の5項目で構成される。この内容に含まれる項目は小学校及び中学校の学級活動と内容は一部異なるもの項目数は同じである。指導の特徴としては学級指導（ホームルーム指導）型で展開されることが多い。主たる目標は個人的な資質に関するものである。

(3) 一人一人のキャリア形成と自己実現

　「一人一人のキャリア形成と自己実現」は四つの内容で構成されている。それらは，「ア　学校生活と社会的・職業的自立の意義の理解」「イ　主体的な学習態度の確立と学校図書館等の活用」「ウ　社会参画意識の醸成や勤労観・職業観の形成」「エ　主体的な進路の選択決定と将来設計」である。この内容に含まれる項目は小学校及び中学校の学級活動と内容が一部異なり，項目数も小学校及び中学校が3項目であるのに対して高等学校は4項目である。指導の特徴としてはキャリア教育型で展開されることが多い。主たる目標は在り方生き方に関するものである。

　中学校から高等学校への進学も選択肢が多様であるが，高等学校から先の

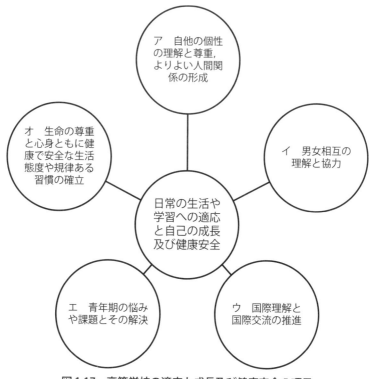

図1.17　高等学校の適応と成長及び健康安全5項目

進路選択はさらに多様で，高等学校の学科によっても傾向が異なる。なお，高等学校は普通科，専門学科，総合学科の各学科があり，専門学科はさらに区分されるが，それぞれの学科によってその後の進路の特徴も大きく異なる。図1.18は高等学校卒業者の学科別進路状況である。

3.　高等学校ホームルーム活動指導計画の作成
（1）高等学校特別活動全体の指導計画

　小学校や中学校と同様に高等学校でも学校の教育目標実現のために学校での特別活動の目標が定められ，特別活動の指導計画が作成される。その際，学校の創意工夫，学校の実態，生徒の発達や特性，自主的・実践的な活動，

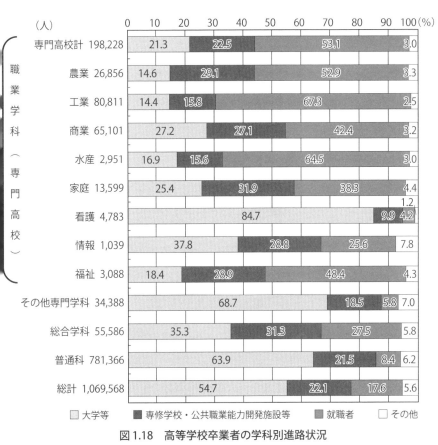

図1.18　高等学校卒業者の学科別進路状況

（出所）文部科学省「学校基本統計（学校基本調査報告書）」をもとに文部科学省が作成．※平成29年3月卒業者，就職者には就職進学者は含まれない．

　各教科・科目等との関連，家庭や地域との連携，社会教育施設等の活用，社会奉仕，就業体験などについて導入の可能性を事前に確認してから，全体計画を作成するとよい。これらの内容を意識した事前準備のための確認表を図1.19に示す。

　中学校は普通教育の教科を中心として教育課程を編成しており，全国的にも教育課程の共通性は高い。それと比較して，高等学校は，学科では普通科，

番号	項目	検討結果記入欄
1	学校の創意工夫	
2	学校の実態	
3	生徒の発達や特性	
4	自主的・実践的な活動	
5	各教科・科目等との関連	
6	家庭や地域との連携	
7	社会教育施設等の活用	
8	社会奉仕	
9	就業体験	

図1.19　特別活動の全体計画作成の事前準備のための確認表の例

専門学科，総合学科があり，課程も全日制，定時制，通信制といった多様性がある。そのため，学校の実態は幅広く，学校の相違工夫の幅も大きい。就業体験の内容も生徒の特性によってそれぞれの学校で最適なものを選ばなければならない（**図1.19**）。

　特別活動は全教師の協力によって組織的に運営されるため，全教師の共通理解と協力体制が確立できるように，**図1.19**などを活用して全体計画を作成し，各教師の役割分担を決めることとなる。

　また，教育課程上は特別活動に含まれないが，教育的意義の大きさが評価されて実施されている「朝の会」や「帰りの会」などのいわゆるショートホームルーム（Short Homeroom）との連携も全体計画には含めたい。

(2) ホームルーム活動の指導計画

　ホームルーム活動の指導計画には，年間指導計画，学期ごとの指導計画，月ごとの指導計画，1授業の指導計画などがある。ここでは，小学校から高等学校までの学校段階で活用可能な学級活動とホームルーム活動の1時間分の学習指導案の書式例を図1.20に示す。この用紙は，拡大印刷して学級・ホームルーム担任の教師や大学の学生が活用することを想定して作成したものである。

　活用の方法を説明すると，まず実施月日を記入する欄に記入する。年間35時間の学級活動やホームルーム活動の授業時間のうち何回目かを記入する欄には回数を記入する。そして，教師や学生の氏名を記入する。学校段階には小学校，中学校，高等学校などを記入する。学年も記入する。

　題材は，小学校，中学校，高等学校ともに (1) から (3) の中から選び，題材名を工夫する。担任教師としてなれてくれば，複数の項目を含んだ学習指導案も作成できるが，入門の段階では，特定の一つに題材を絞った方がよい。展開は，活動の開始，活動の展開，まとめの3段階とした。中心となるのは活動の展開である。活動の開始とまとめにはそれぞれ5分程度を充て，活動の展開に35分ほど充てるとよい。

　活動の開始には，提案理由の欄を作成した。話合い型の学級活動やホームルーム活動で児童生徒が議題を提案する場合は事前に内容の打ち合わせをしておき，この部分に記入する。また，学級指導型やキャリア教育型の学級活動やホームルーム活動では，教師による題材設定の理由を記入するとよい。

　学習指導案は児童生徒の学習と教師の指導の計画であるため，学習については「指導する活動の内容」，指導については「指導上の留意点」に詳細を記入する。そして，教育課程を構成する意図的な教育活動には評価を伴うため，「目指す児童生徒の姿と評価方法」の欄を設定している。児童生徒のどのような行為をどのような方法で評価するかを記入する欄である。まとめの欄には，ねらいの達成状況を確認するための内容を記入する (図1.20)。

実施月日＿＿＿＿＿＿＿＿＿＿＿＿（　　／35回）氏名＿＿＿＿＿＿＿＿＿＿＿
本時の指導と児童生徒の活動
学校段階＿＿＿＿＿＿＿＿＿＿＿＿＿＿学年＿＿＿＿＿＿＿＿＿＿＿＿＿
題材＿＿＿＿＿＿＿＿＿＿＿＿＿＿＿＿＿＿＿＿＿＿＿＿＿＿＿＿＿＿＿＿
本時のねらい
＿＿＿＿＿＿＿＿＿＿＿＿＿＿＿＿＿＿＿＿＿＿＿＿＿＿＿＿＿＿＿＿＿＿
＿＿＿＿＿＿＿＿＿＿＿＿＿＿＿＿＿＿＿＿＿＿＿＿＿＿＿＿＿＿＿＿＿＿

展開

	指導する活動の内容	指導上の留意点	目指す児童生徒の姿と評価方法
活動の開始	・ ・ 【提案理由】		
活動の展開	・ ・ ・		
まとめ	・ ・		

図1.20　学級活動・ホームルーム活動指導案記入用紙　例

（参考）国立教育政策研究所教育課程研究センター（2014）

4. 高等学校ホームルーム活動の内容の取扱い

(1) 教師の適切な指導

　学級活動と同様に，ホームルーム活動も教師の適切な指導の下に行われなければならない。教師の適切な指導とは，ホームルーム活動の目標や内容の特色を生かした指導である。そして，この教師の適切な指導の下に教育活動を行うという考え方は生徒会活動でも同様に大切なことである。生徒が自発的，自治的に活動できるように教師は教材の工夫や発問の工夫をする。また，教師はホームルーム活動の年間指導計画を把握しているため，ホームルーム活動の各内容のそれぞれの項目について，年度内ですでに実施したものとの関連を説明することができ，これから実施する予定となっている項目についても生徒に情報を伝えることができる。話合い活動についても事前に議題を集めたり，教室の机配置をコの字型にするなどの工夫ができる。生徒指導との関連でいえば，遅刻防止や忘れ物の防止などホームルームの生活目標を，ホームルーム活動の時間を活用して生徒に自分たちで考えさせ，ルール化していくこともできる。

(2) 生徒指導との関連

　ホームルーム活動を指導する教師が意識しておきたい生徒指導の概念を図示すると，**図1.21**のようになる。

　生徒指導については，生徒一人ひとりの人格を尊重して生徒の個性の伸長を図り，社会的資質や行動力を高める活動であり，ホームルーム活動でその活動に取り組みやすい。ホームルーム活動は知識伝達型の授業ではないため，生徒の人格に対して適切なコメントをするチャンスが多く，生徒それぞれの個性を伸ばす働きかけができる。例えばホームルームのルールを話し合う活動を例としても，それぞれの生徒の発言の背景となる人格を認めること，発言力の高い生徒や受容能力の高い生徒などそれぞれの個性をグループでの話合いで生かすことができる。

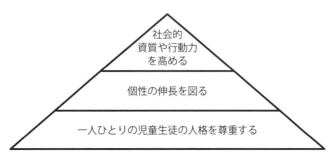

図1.21　生徒指導とは

(出所) 林尚示編 (2014: 12), および『生徒指導提要』をもとに筆者作成。

　そして，グループ討議をまとめてクラスとしてのルールを決める際に教師は生徒の社会的資質が高まる方向でアドバイスができ，決めたルールを守るという生徒の行動力を生かすまとめ方ができる。このようなことができるのは，ホームルーム活動が生徒の実態等に合わせて変えられる教育活動の幅が大きいためである。

(3) 他の教師などとの協力

　ホームルーム活動はホームルームを担任する教師が責任をもって実施する教育活動である。しかし，その責任は適切な教育活動を提供することであるため，内容によっては，他の教師などとの協力が効果的なこともある。

　高等学校の教師を含めた職員を学校職員というが，高等学校職員には，校長，教頭，教諭，事務職員，副校長，主幹教諭，指導教諭，養護教諭，栄養教諭，養護助教諭，実習助手，技術職員，助教諭，講師などがある。また，近年，スクールカウンセラーやスクールソーシャルワーカーなどの配置も進んでいる。それぞれの職に固有の役割があるため，ホームルーム活動に常に協力できる体制とはなっていないが，各学校の条件が許せばホームルーム活動への協力を求めるとよい。具体的には，適応と成長及び健康安全の内容，青年期の悩みや課題とその解決の内容，男女相互の理解と協力の内容などについては，スクールカウンセラーと連携するとよい。

　なお，スクールカウンセラーとは，学校などの教育機関で心理相談を行う
心理職の専門家のことである。ホームルーム活動で取り入れられるグループ・
アプローチにはさまざまなものがあり，教師が十分に指導できるものばかり
ではない。例えば，ライフスキル，ラボラトリー体験学習，構成的グループ・
エンカウンター，ピア・サポート・プログラム，アサーション・スキル教育，
ストレス・マネジメント教育，ソーシャル・スキル教育などがある（林尚示
編　2012: 146-149）。これらのグループ・アプローチは心理学を基盤としたも
のが多いため，ホームルーム活動への導入の際はスクールカウンセラーとの
連携が有効である。スクールカウンセラーは主として児童生徒の相談にのり，
助言をすることが役割であるが，これに加えて児童生徒への講話，ストレス
チェックやストレス・マネジメント等の予防的対応も行う。そのため，例え
ばホームルームの状況に応じてストレスチェックやストレス・マネジメント
などについて生徒に伝えてもらえるとよい。
　また，心身の健康と健全な生活態度や規律ある習慣の確立にかんする内容，
生命の尊重と安全な生活態度や規律ある習慣の確立の内容などについては，
養護教諭や栄養教諭などと連携するとよい。心身の健康や安全な生活態度は
養護教諭の知見を生かせる内容である。また，健康との関わりでは栄養教諭
からの栄養学的なアドバイスも生徒の成長のために有効である。
　なお，養護教諭とは，児童生徒の健康管理や保健指導を専門とする職員で，
いわゆる「保健室の先生」である。養護教諭に対しては，従来以上に不登校
や生徒の心のケアへの対応についての期待が高まっている。
　また，栄養教諭とは，学校給食の管理と食に関する指導を役割とする職員
で，ホームルーム活動などで集団的な食に関する指導を行うことを役割の一
つとしている。また，栄養教諭は児童生徒に対して，肥満，偏食，食物アレ
ルギーなどの個別指導も行う。そのため，ホームルーム活動では，生徒と栄
養教諭の個別指導との橋渡しをする活動も取り入れるようにしたい。

5.　高等学校ホームルーム活動の評価

(1)『高等学校学習指導要領』「総則」による評価

　『高等学校学習指導要領』「総則」でも，小学校や中学校と同様に，生徒のよい点，進歩の状況，指導の過程，指導の成果を評価することとしている。この評価は教師にとっては指導の改善につながり，生徒にとっては学習意欲の向上に生かすことになる。この評価の基本的な考え方は，ホームルーム活動だけではなく，特別活動の各活動，学校行事に共通であり，さらに，各教科・科目，総合的な学習の時間にも共通する。

　生徒の学習意欲の向上はホームルーム活動の中の「学業と進路」の中でも重要なテーマである。学習は経験をとおした環境への適応や改善の態度や行動ととらえることができる。そして学校教育では偶然の態度や行動変容ではなく，とくに系統的で計画的な教育の成果を学習としている。意欲とは，積極的に欲して物事を遂行しようとする意志のことである。そのため，生徒の学習意欲については，生徒が心から欲してさまざまな環境への適応や改善を行う意思と考えることができる。

　このような意思を生徒に自覚させるためには，克服可能な課題に取り組むことが効果的である。そして，集団の中で目的をもち協力して課題解決に当たるホームルーム活動はまさに学習意欲を喚起するために最適な教育活動である。たとえば生徒が自身の進路についての意識が明確となり，その結果，高等学校で何を学ぶかを自覚し，自分自身のために努力できるようになれば，学習意欲が向上したと判断することができる。また，教科・科目の学習のみではなく，学校生活への適応と改善も学習ととらえて，生活づくりの内容や適応，成長および健康安全の内容に積極的に取り組むことも学習意欲としたい。

　成果を判断して価値を定めることが評価であるが，高等学校では，「高等学校生徒指導要録」に学習の記録を残すため，記載するための評価の形式が定められている。次に，「高等学校生徒指導要録」について詳しく説明していく。

(2)「高等学校生徒指導要録」による評価

　ホームルーム活動の評価にも，評価技術や評価方法についての信頼性が求められる。文部科学省は全国の生徒の機会均等や全国の学校の教育水準の維持向上等のために，評価の形式の参考様式を示している。なお，「高等学校生徒指導要録」による評価の欄も，小学校や中学校と同様に，各内容別となっている。そして十分に満足できる活動の状況にあると判断される場合に，「○」を付けるという形式である。また，高等学校の課程別では全日制課程だけではなく，定時制課程もあるため，第4学年までの記載欄がある。**図1.22**は「高等学校（全日制例の課程・定時制の課程）指導要録（参考様式）」である。小学校や中学校のような評価の観点やその趣旨も示されている。

特別活動の記録						
内　　容	観　　点 ＼ 学年		1	2	3	4
ホームルーム活動						
生徒会活動						
学校行事						

図 1.22　高等学校　「特別活動の記録」欄

(出所)「小学校，中学校，高等学校及び特別支援学校等における児童生徒の学習評価及び指導要録の改善等について（通知）」（文部科学省 2019）より抜粋。

　高等学校特別活動の記録の観点は，「知識・技能」「思考・判断・表現」「主体的に学習に取り組む態度」の3観点である。「知識・技能」は，①多様な他者と協働する様々な集団活動の意義や，活動を行う上で必要となることについて理解していること，②自己の生活の充実・向上や自己実現に必要となる情報及び方法を理解していること，③よりよい生活や社会を構築するための話合い活動の進め方，合意形成の図り方などの技能を身に付けていることが趣旨とされる。「思考・判断・表現」は，所属する様々な集団や自己の生活の充実・向上のため，問題を発見し，解決方法を話し合い，合意形成を図ったり，意思決定をしたりして実践していることが趣旨とされる。「主体的に学習に取り組む態度」は，①生活や社会，人間関係をよりよく構築する

ために，自主的に自己の役割や責任を果たし，多様な他者と協働して実践しようとしていること，②主体的に人間としての在り方生き方について考えを深め，自己実現を図ろうとしていることが趣旨とされる。

　記録の根拠となる，ホームルームの三つの内容について案を作成してみよう。

例

　「ホームルームや学校の生活づくり」について

　・（　　　　）として生活上の諸問題の解決を図った。

　・（　　　　）として組織の中で自主的な活動ができた。

　・（　　　　）として集団の生活の向上に貢献した。

　「適応と成長及び健康安全」について

　・（　　　　）をとおして悩みが解決できた。

　・（　　　　）をとおして自他の尊重ができた。

　・（　　　　）をとおして役割が自覚できた。

　・（　　　　）をとおして男女相互で協力できた。

　・（　　　　）をとおしてコミュニケーション能力が高まった。

　・（　　　　）をとおしてボランティア活動の意義が理解できた。

　・（　　　　）をとおして国際理解が深められた。

　・（　　　　）をとおして健全な生活態度が身に付いた。

　・（　　　　）をとおして生命の尊重について理解した。

　「学業と進路」について

　・（　　　　）をとおして学ぶことと働くことの意義が理解できた。

　・（　　　　）をとおして主体的な学習態度が身に付いた。

　・（　　　　）をとおして教科・科目の適切な選択ができた。

　・（　　　　）をとおして進路適性が理解できた。

　・（　　　　）をとおして勤労観・職業観が確立した。

　・（　　　　）をとおして主体的な進路の選択決定ができた。

　以上は筆者の考案した記述例であるが，事実と所見が記載されることを前提として内容は教師に委ねられている。大切なことは，事実の記載のみに終わらないことである。

第6節　まとめ

1.　教育課程の中での学級活動・ホームルーム活動の位置づけと授業時数

　小学校，中学校，高等学校の教育課程の中での学級活動とホームルーム活動の位置づけについてまとめる。

　まず小学校では，学級活動が特別活動の内容の一つとして存在する。そして，学級活動に充てる授業時数は，学校給食に係るものを除いて，小学校第1学年のみ年間34単位時間，小学校第2学年から第6学年までが年間35単位時間である。小学校の場合，1単位時間は45分としている。

　中学校でも学級活動が特別活動の内容の一つとして存在する。そして，学級活動に充てる授業時数は，学校給食に係るものを除いて，中学校第1学年から第3学年まで年間35単位時間である。中学校の場合，1単位時間は50分としている。

　高等学校では，学級活動ではなくホームルーム活動が特別活動の内容の一つとして存在する。そして，ホームルーム活動に充てる授業時数は，原則として，年間35単位時間以上とされている。高等学校の場合も中学校と同様に1単位時間は50分としている。なお，小学校や中学校と異なり高等学校では定時制の課程もある。定時制の課程については，特別の事情がある場合には，ホームルームの授業時数の一部が減じられたり，ホームルーム活動の内容の一部を行わないこともできる。ただし，これはあくまで特別な事情がある場合に限定され，原則としては，定時制の課程でも授業時数や内容については全日制の課程と同様にすることが機会均等の観点からは適している。

　高等学校の全課程の修了を認定するのは校長であるが，校長は，生徒が74単位を修得したことに加えて，特別活動の成果がその目標からみて満足できると認められるものについてのみ，生徒の修了を認定できる。つまり，特別活動は高等学校生徒が高等学校を修了するために必須の教育内容である。

2.　各学校段階の独自性

　各学校段階別の学級活動・ホームルームには独自性がある。高等学校では，小学校や中学校での学級活動と異なり，ホームルーム活動と称していることが大きな違いである。内容についても，小学校から中学校への段階で「(2)日常の生活や学習への適応と自己の成長及び健康安全」の項目数が1項目増える。そして，中学校から高等学校の段階で「(3) 一人一人のキャリア形成と自己実現」の項目数が1項目増える。

3.　学校段階を超えた一貫性

　学級活動とホームルーム活動には学校段階を超えた一貫性もある。それは，目標の一貫性である。小学校や中学校の学級活動でも，高等学校のホームルーム活動でも，「学級活動」という部分を「ホームルーム活動」に置き換えれば，目標は同一である。

　そして，教育課程の構造の一部として学級活動やホームルーム活動をとらえた場合，小学校や中学校では各教科に相当するものが特別活動であり，たとえば国語，社会，算数・数学，理科などに相当するものが学級活動ということになる。高等学校の教育課程でも小学校や中学校と同じように，「各学科に共通する各教科」などに相当するのが特別活動であり，国語，地理歴史，公民，数学，理科などに相当するものがホームルーム活動である。

　現行では「学習指導要領」も学校段階別に告示されている。そのため，小学校の学級活動，中学校の学級活動，高等学校のホームルーム活動はそれぞれ固有のものとして違いが強調されている。しかし，それぞれの目標が共通しているため，学校段階を超えて小学校から高等学校まで一貫した指導方法や教材が開発できるのではないだろうか。児童生徒の発達段階を十分に意識して，区市町村立学校では，区市町村の教育委員会が中心となって小中一貫教育の一部として学級活動を位置づけることができる。また，中等教育改革の中で数が増加している中高一貫教育校には連携型，併設型，そして中等教育学校の各タイプがあるが，それぞれで中高一貫型の教育課程を編成する際に，学級活動とホームルーム活動をコアとすることができるのではないだろ

うか。

　高等学校等への進学率は着実に向上しており，1974（昭和49）年度に90％を超え，現在は97％を超えている。そのため，小学校から高等学校まで一貫した学級活動・ホームルーム活動のカリキュラムを構築する時期にきている。

［林　尚示］

● **考えてみよう！**

　▶ 学級活動とホームルーム活動の違いについて説明してみよう。
　▶ 小学校の学級活動の目標について説明してみよう。
　▶ 中学校の学級活動の内容について説明してみよう。

● **引用・参考文献**

国立教育政策研究所教育課程研究センター編集発行（2014）「学級・学校文化を創る特別活動（中学校編）」（教員向けリーフレット）

中央教育審議会（2014）「道徳に係る教育課程の改善等について（答申）」文部科学省

中央教育審議会（2011）「今後の学校におけるキャリア教育・職業教育の在り方について（答申）」文部科学省

東京都教育委員会（2015）「平成27年度東京都公立学校教員採用候補者選考実施要綱」東京都教育委員会

東京都教職員研修センター（2005）『教職員ハンドブック第1次改訂版』都政新報社

林尚示（2014）『学校の「いじめ」への対応とその予防方法「生徒指導」と「特別活動」の視点から』培風館

林尚示編（2014）『新・教職課程シリーズ　生徒指導・進路指導』一藝社

林尚示編（2012）『教職シリーズ5　特別活動』培風館

林尚示・服部伴文・村木晃（2013）『ワークシートで学ぶ生徒指導・進路指導の理論と方法』春風社

樋口直宏・林尚示・牛尾直行編（［2002］2009）『実践に活かす教育課程論・教育方法論』学事出版

本間啓二・伊藤清一郎・林尚示 (2010)『新訂教職研修　特別活動の研究』アイオーエム

文部科学省 (2010)『生徒指導提要』

文部科学省 (2011)『小学校キャリア教育の手引き〈改訂版〉』教育出版

文部科学省 (2014)「学校基本調査―平成 26 年度 (速報) 結果の概要―」文部科学省

文部科学省 (2017a)『小学校学習指導要領 (平成 29 年告示)』

文部科学省 (2017b)『中学校学習指導要領 (平成 29 年告示)』

文部科学省 (2017c)『小学校学習指導要領 (平成 29 年告示) 解説　特別活動編』

文部科学省 (2017d)『中学校学習指導要領 (平成 29 年告示) 解説　特別活動編』

文部科学省 (2018)『高等学校学習指導要領 (平成 30 年告示)』

文部科学省 (2019)「小学校，中学校，高等学校及び特別支援学校等における児童生徒の学習評価及び指導要録の改善等について (通知)」

文部科学省初等中等教育局児童生徒課 (2013)「平成 24 年度「児童生徒の問題行動等生徒指導上の諸問題に関する調査」について」文部科学省

文部科学省「高等学校卒業者の学科別進路状況」(平成 29 年 3 月卒業者)，〈http://www.mext.go.jp/a_menu/shotou/shinkou/genjyo/021203.htm〉(2018 年 6 月 29 日閲覧)

第2章

児童会活動・生徒会活動

● 本章のねらい ●

　児童会活動・生徒会活動は，児童会長・生徒会長や副会長などの役員が行うものと思っている人がいるかもしれないが，これは誤解である。児童会・生徒会は全校の児童生徒で組織され，日本の小・中・高等学校では，全員が児童会活動・生徒会活動を経験しているはずである。学習指導要領解説という基本的な文書の中にも，児童会活動・生徒会活動を全校的に活発に活動するしくみが数多く提案されている。では，そのしくみはどのようなものだろうか。そのしくみをさぐっていこう。

第1節　児童会活動・生徒会活動の学習指導要領における目標と内容

1.　児童会活動・生徒会活動の目標

　学習指導要領における児童会活動・生徒会活動の目標は次のとおりである。

小学校・児童会活動，中学校および高等学校・生徒会活動の目標

　1　目　標
　　異年齢の児童〔生徒〕同士で協力し，学校生活の充実と向上を図るための諸問題の解決に向けて，計画を立て役割を分担し，協力して運営することに自主的，実践的に取り組むことを通して，第1の目標に掲げる資質・能力を育成す

るることを目指す。
注）〔　〕内は，中学校および高等学校学習指導要領

（文部科学省　2017a: 185，2017b: 164，2018: 647）。

　児童会活動・生徒会活動では，「学校生活の充実と向上を図るための諸問題の解決」を行う。これを実現するために，「計画を立て役割を分担し，協力して運営することに自主的，実践的に取り組む」という活動を行う。その結果，教師から見た場合は，第1の特別活動の目標に掲げられている三つの資質・能力である（1）知識及び技能の習得，（2）思考力，判断力，表現力等の育成，（3）学びに向かう力，人間性等の涵養を育成する（第1章参照）。児童会活動・生徒会活動の中でどのような資質・能力が育成されるのかが求められる。

2.　児童会活動・生徒会活動の内容
　学習指導要領によれば，児童会活動・生徒会活動の内容は次のとおりである。

【小学校・児童会活動の内容】
2　内　容
　1の資質・能力を育成するため，学校の全児童をもって組織する児童会において，次の各活動を通して，それぞれの活動の意義及び活動を行う上で必要となることについて理解し，主体的に考えて実践できるよう指導する。
（1）　児童会の組織づくりと児童会活動の計画や運営
　児童が主体的に組織をつくり，役割を分担し，計画を立て，学校生活の課題を見いだし解決するために話し合い，合意形成を図り実践すること。
（2）　異年齢集団による交流
　児童会が計画や運営を行う集会等の活動において，学年や学級が異なる児童と共に楽しく触れ合い，交流を図ること。
（3）　学校行事への協力
　学校行事の特質に応じて，児童会の組織を活用して，計画の一部を担当したり，運営に協力したりすること。

（文部科学省　2017a: 185-186）

【中学校および高等学校・生徒会活動の内容】(中学校・高等学校共通)
　2　内　容
　　1の資質・能力を育成するため，学校の全生徒をもって組織する生徒会において，次の各活動を通して，それぞれの活動の意義及び活動を行う上で必要となることについて理解し，主体的に考えて実践できるよう指導する。
(1) 生徒会の組織づくりと生徒会活動の計画や運営
　　生徒が主体的に組織をつくり，役割を分担し，計画を立て，学校生活の課題を見いだし解決するために話し合い，合意形成を図り実践すること。
(2) 学校行事への協力
　　学校行事の特質に応じて，生徒会の組織を活用して，計画の一部を担当したり，運営に主体的に協力したりすること。
(3) ボランティア活動などの社会参画
　　地域や社会の課題を見いだし，具体的な対策を考え，実践し，地域や社会に参画できるようにすること。

(文部科学省　2017b: 164，2018: 647)

　ここに「学校の全児童をもって組織する児童会」「学校の全生徒をもって組織する生徒会」とあるとおり，児童会活動は小学校第1学年から第6学年までの全児童が参加し，生徒会活動は中学校・高等学校の第1学年から第3学年(高等学校の定時制などでは第4学年)までの全生徒が参加する活動である。小学校の場合，〔児童会活動〕の「3 内容の取扱い」(1) で，「児童会の計画や運営は，主として高学年の児童が行うこと。その際，学校の全児童が主体的に活動に参加できるものとなるよう配慮すること。」(文部科学省　2017a: 186)となっており，計画や運営を行う児童は主として5・6年の児童であるが，活動に参加するのは第1学年の児童から第6学年の全児童である。生徒会活動では，生徒会長・副会長などの生徒会役員だけでなく全生徒が生徒会の活動に参加するのである。

第2節　児童会活動の形態と内容の詳細

1.　児童会活動の学習過程と形態

　児童会活動の活動は，おおむね次のような学習過程で行われる。

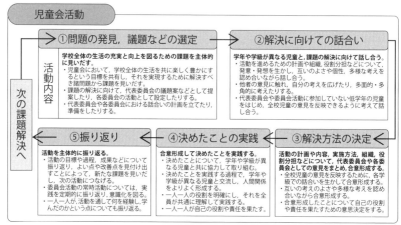

図2.1　児童会活動の学習過程の例

（出所）文部科学省（2017e: 86）

　『小学校学習指導要領（平成29年告示）解説　特別活動編』（文部科学省 2017e: 95-97）では，児童会活動の一般的な活動形態として，「代表委員会」「委員会活動」「児童会集会活動」の三つをあげている。この三つを見ていく（以下の説明は，『小学校学習指導要領（平成29年告示）解説　特別活動編』の文章を直接引用している場合でも，「」は省略した）。

（1）代表委員会活動

① 構成・組織

　主として，高学年の学級代表，各委員会の代表，関連する内容等必要に応じてクラブ代表などが参加する。

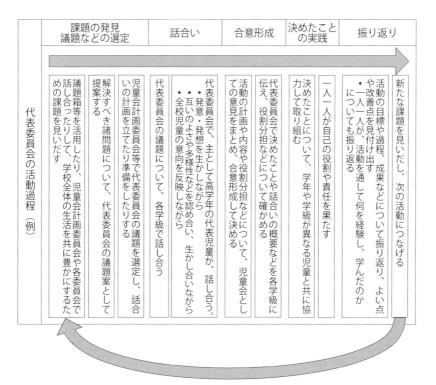

図 2.2　代表委員会の活動過程

（出所）文部科学省（2017e: 96）

② ねらい

　代表委員会は，児童会として学校生活の充実と向上を図るために，学校生活に関する諸問題について話し合い，その解決を目指した活動を行う。

　これは，主として高学年の代表児童が参加して，学校全体の生活をともに楽しく豊かにするための集団生活や人間関係などの諸問題について話し合い，解決を図るための活動である。各学級での話合いを生かすなど全校児童の意向を反映し，自発的，自治的に行われる活動である。

③ 話し合う議題

　児童会が主催する比較的規模の大きい集会についての計画や，全校に関わ

る生活をよりよくするための約束などである。

議題例

　「1年生を迎える会を開こう」「雨の日の過ごし方を決めよう」「なかよし集会を開こう」「6年生を送る会を開こう」など。

④ 活動過程とその運営

　各学級や委員会などの代表児童が集まって話し合い，合意形成を行う。その活動過程は，図2.2のとおりである。代表委員会に参加する児童の中から児童会計画委員会を組織し，代表委員会の話合いの計画や準備等を行い，司会やノート記録，黒板記録などを行う。児童会計画委員会の委員は互選により選出し，適宜交代して，この役割を多くの児童が経験できるようにする（文部科学省　2017e: 95）（国立教育政策研究所教育課程研究センター　2019: 98）。

(2) 委員会活動

① 組織，構成

　主として高学年の全児童が，いくつかの委員会に分かれて，分担して行う。児童は，年間通して同一の委員会に所属して活動することが望ましい。

設置する委員会の例

　集会委員会，新聞委員会，放送委員会，図書委員会，環境美化委員会，飼育栽培委員会，健康委員会，福祉ボランティア委員会など。

　学校全体の教育目標に関連させて委員会を設置することも望ましい。たとえば，命を大切にする教育の観点から小動物の飼育に関する委員会を，環境教育の観点から環境美化に関する委員会，健康教育の観点から健康の増進や運動に関する委員会を設置するなどである。

② ねらい

　学校全体の生活を共に楽しく豊かにするための活動を委員会ごとに分担して行う。一人一人の児童が，自己の責任や役割を果たし，自己有用感や達成感を味わうことができるように指導することが大切である。さらに，各委員会に所属する主として高学年の児童が，活動についての諸問題について話し合って合意形成を図ったり，協議して取り組んだりして，異年齢集団におけ

る人間関係をよりよく形成できるようにすることも重要である。

　委員会活動の指導に当たっては，代表委員会や児童会集会活動と関連させることが大切である。たとえば，各委員会から代表委員会に議題を提案したり，児童会集会活動で委員会からのお知らせをしたりするなどの活動が考えられる。

　各委員会が提案し実施する活動には，次のように常時活動と児童の創意工夫を生かした活動の二つがある。次に例を示す。

「集会委員会：児童集会活動の計画・運営

　新聞委員会：校内新聞の発行

　放送委員会：学級紹介　先生紹介　学校自慢（朝，給食，帰りの放送）

　※（　　）は常時活動」　（国立教育政策研究所教育課程研究センター　2019: 97）

(3) 児童会集会活動

① 形態

　児童会の主催で行われる集会活動である。全校の児童で行われるもの（全校児童集会，全校によるたてわり集会），複数学年の児童で行われる集会（高学年集会，たてわり集会），同一の学年の児童で行われる集会（学年集会）など，さまざまな形態が考えられる。

② 内容

　活動の計画や内容について話し合ったり活動状況の報告や連絡をしたりするもの（生徒総会のようなもの），学年や学級が異なる児童とともに楽しく触れ合い，交流を図ることを目指すもの（レクリエーション集会）などが考えられる。

　児童会集会活動には児童会主催による規模の大きな集会活動で，学期に1,2回程度，代表委員会が企画運営し，1単位時間（45分）程度使って実施するロング集会と，特定の曜日の朝など短時間で実施する集会活動で，集会委員会が企画・運営し，始業前等の20分程度で実施するショート集会の2種類がある。ロング集会には1年生を迎える会，なかよし集会，6年生を送る会，本の紹介を行うブック大好き集会などが，ショート集会には，各委員会から

の報告や連絡，簡単なレクリエーションや運動に関する集会（長なわとび大会，クイズ集会，ジャンケン集会，学級自慢集会など）があげられている（文部科学省　2017e: 97，国立教育政策研究所教育課程研究センター　2019: 97, 101）。

2.　児童会活動の内容

　これらの組織・活動形態によって，学習指導要領に示されている三つの内容を実施する。

(1) 児童会の組織づくりと児童会活動の計画や運営

　この内容は，小学校学習指導要領にあるとおり，「児童が主体的に組織をつくり，役割を分担し，計画を立て，学校生活の課題を見いだし解決するために話し合い，合意形成を図り実践すること」（文部科学省 2017a: 185-186）であり，合意形成がキーワードである。

　ここでいう「児童会の組織づくり」とは，「代表委員会やそれぞれの委員会等の活動を進めるために必要な組織や役割を，自ら見いだし，話し合って設置するなどの主体的な取組を大切にすること」である。その際，「代表委員会の活動を中心となって進めるための児童会計画委員会などについて，各学級の代表である代表委員が主体となり互選によって組織すること」などの方法が考えられる（文部科学省　2017e: 87-88）が，これと関連して，「主権者教育など，社会参画の態度を養う観点から児童会の役員等を児童の投票によって選出すること」があげられている（文部科学省　2017e: 87）。小・中学校を一貫した「現代的な諸課題に関する教科等横断的な教育内容」としての「主権者に関する教育」については，**2. 生徒会活動の内容** (p.59) を参照されたい。

(2) 異年齢集団による交流

　全校児童集会，代表委員会，各委員会の活動で，「中心となって活動を進める高学年の児童が，リーダーとしての経験を重ねながら自分の役割を果たすなどの主体的な取組を通して，高学年の自覚や自分への自信を高められる

ようにする必要がある。そうすることが，下学年の児童にとっては，上学年の児童に親しみやあこがれ，尊敬の気持ちをもち，『自分もこうなりたい』という思いや願いをもつことによって，学校生活に目標や希望をもつことにもつながると考えられる」（文部科学省　2017e: 89）が，これは学齢の幅の広い小学校という特性を念頭に置いた活動といえる。

（3）学校行事への協力

　学校行事は児童の自発的，自治的な活動を特質とするものではないが，「学校行事への協力」により，児童相互の連帯感が深まり活動の幅も広がるなど，児童会活動の充実にも結び付けることができる。学芸会や運動会，学年を超えて行う遠足や集団宿泊活動などの学校行事の一部を，児童の発意・発想を生かした計画によって実施したり，各委員会の活動内容を生かした活動を取り入れて実施したりする活動があげられる（文部科学省　2017e: 90）。

第3節　生徒会活動の組織と内容の詳細

1.　生徒会の組織

　生徒会の組織については，学習指導要領の解説に詳細な説明があるので，ここでは『中学校学習指導要領（平成29年告示）解説　特別活動編』（文部科学省　2017f: 84-85）に基づいて説明する。

（1）生徒総会
①構成：全校生徒
②役割：全校の生徒による生徒会の最高審議機関。全生徒の参加の下に審議
　　　　を行う。
③具体的な活動：年間の活動計画の決定，年間の活動の結果の報告や承認，
　　　　　　　　生徒会規約の改正など，生徒会としての基本的な事項についての審議。

(2) 生徒評議会 (中央委員会)

①構成：生徒会役員，学級代表，委員会代表，必要に応じて部活動代表
②役割：生徒総会に次ぐ審議機関。生徒会活動に関する種々の計画やその実
施の審議に当たる。
③具体的な活動：生徒会 (生徒総会など) に提出する議案などの審議，学級や
各種の委員会から出される諸問題の解決，学級活動や部活動など関
する連絡調整など。

(3) 生徒会役員会 (生徒会執行部)

①構成：生徒会長，副会長，書記，会計など
②役割：生徒会全体の運営や執行に当たる。学校の生徒を代表する組織とし
ての役割もある。
③具体的な活動：年間の活動の企画と計画の作成，審議を必要とする議題の
提出，各種の委員会の招集など。学校の生徒を代表する組織として
は，様々な取組の推進的な役割を担う，学校のよさや特徴などの情
報を学校外に発信するなどの役割も担う。

(4) 各種の委員会

①構成：各学級で選ばれた委員。
②役割：学校の実情や伝統によって種々設けられ，生徒会活動における実践
活動の推進の役割を担っている。
③委員会の種類の例：生活規律に関する委員会，健康・安全や学校給食に関
する委員会，ボランティアに関する委員会，環境美化に関する委員
会，合唱祭や文化祭，体育祭などの実行委員会など。

　このように「生徒会の組織は，学校の全生徒に関わる広がりをもち，その
運営は学級活動や他の生徒の諸活動とも深く関連するなど多面的である」と
されているが，学級 (ホームルーム)，委員会，部活動とさまざまな生徒や組
織とが関連をもてるように，組織が網の目のように張り巡らせてあることが

想像できるであろう。このような組織の在り方が，生徒会活動を活発にする
ポイントである。

2.　生徒会活動の内容

　生徒会活動の三つの内容についても，『中学校学習指導要領（平成 29 年告
示）解説 特別活動編』（以降，『解説』と略記）（文部科学省 2017f）に基づきみて
いく。中学校と高等学校とはほぼ共通である。

(1) 生徒会の組織づくりと生徒会活動の計画や運営

　生徒会の組織については，1. に説明したとおりである。『解説』には，「生
徒会長等の生徒会役員や各種委員会の委員長等の決定に当たっては，生徒会
規則等に則って公正な選挙等によって選出されることが望まれる。生徒自ら
が，選挙管理規則等に従って役員選挙等を運営することにより，生徒会活動
は，自治的な活動であるということを一層自覚することになる」とあり，「役
員選挙への立候補・選挙」という手順で生徒会選挙は実施される（ただし，
小規模校等において，この手順が適切でないと判断される場合は，「生徒会規則等
で適切な選出方法を明らかにし，生徒が主体的に取り組む工夫も大切である」と
されている）（文部科学省　2017f: 77）。2016（平成 28）年 6 月 19 日に改正公職
選挙法が施行され，満 18 歳以上の男女に選挙権が与えられた。このような
背景の中で，小学校および中学校の『学習指導要領（平成 29 年告示）解説
総則編』では，「現代的な諸課題に関する教科等横断的な教育内容」として，
「主権者に関する教育」が挙がっている（文部科学省　2017c: 210-213，文部科
学省　2017d: 206-209）。この中には，小・中学校を一貫して，特別活動の「児
童・生徒会の組織づくりと児童会・生徒会活動の計画や運営」が挙げられ
ている。18 歳選挙権実施に伴い，生徒会選挙を通した主権者に関する教育
の意義についても注目したい。
　「生徒会の組織づくりと生徒会活動の計画や運営」は，先に示した通り「生
徒が主体的に組織をつくり，役割を分担し，計画を立て，学校生活の課題を
見いだし解決するために話し合い，合意形成を図り実践すること。」という

ものである。生徒会活動において，学校生活の改善を図る活動を全校生徒の課題として取り上げ，継続的に取り組むものとして，「学校生活における規律とよき文化・校風の確立のための活動」「環境の保全や美化のための活動」「生徒の教養や情操の向上のための活動」「よりよい人間関係を形成するための活動」「身近な課題等の解決を図るための活動」の五つがある（文部科学省 2017f: 77-78）。平成 29 年版の解説ではこれに関する説明が省かれたが，この説明については，平成 20 年版『中学校学習指導要領解説　特別活動編』（文部科学省　2008: 60-61）に詳しいので，こちらを引用する。平成 20 年版の解説と平成 29 年版の解説では項目の文言が異なるが，以下では平成 20 年版による。

　「ア　学校生活における規律とよき校風の確立のための活動」については，「生徒が充実した学校生活を送るためには，学校生活における規律が必要であるとともに，生徒が進んでその規律を守ることが大切である。規律は，とかく拘束的なもののように受け取られやすいが，むしろ豊かな充実した集団生活を営むためにこそ必要である。学校生活を律するきまりには，通常，学校の校則や生徒心得として定めたもの，生徒間の申し合わせによる生活のきまりなどが考えられる。生徒会においては，このようなきまりが広く全校の生徒の間で正しく実践されることにより各学校がよりよい校風を確立し，継承し，発展させていくことが大切である。」

　「イ　環境の保全や美化のための活動」については，「学校の環境の整備は，基本的には学校の管理上の責任に属することであるが，整備された環境であっても，生徒自身がその保全に努め，清潔に保つように努力をしなければその維持は望めない」ということがその基本である。そこで，「校内の美化運動や緑化運動を盛り上げたり，資源やゴミ問題等への課題意識を深めたりするなど」の活動を行う。

　「ウ　生徒の教養や情操の向上のための活動」の具体例としては，「学校新聞や生徒会誌の編集発行，読書会，音楽鑑賞会，各種の文化的な発表会，地域行事等の紹介など」があげられる。

　「エ　好ましい人間関係を深めるための活動」は，「生徒相互の心の交流を

図り，より好ましい人間関係を深め，全校の生徒の間に所属感や連帯感を高めていく」活動であり，「新入生を迎える会や卒業生を送る会，校内球技大会，各種のレクリエーションなどの行事にかかわる活動など」である。

「オ　身近な問題の解決を図るための活動」は，「学校生活における身近な問題を取り上げ，生徒全員の問題として，その解決を図ることは生徒会の大切な活動である」とある。これには，具体的な例として，「生徒会新聞で学校生活上の問題点について広く意見を求めたり，集団生活におけるルールやマナーについて訴えたりすること」，「いじめや暴力などの問題を生徒会として取り上げ，生徒集会などで話し合っていくこと」があげられており，「生徒自ら自己の生き方を見つめ，正義感や倫理観を身に付けるうえで重要である」としている。

生徒会活動を活発にするためには，活動計画を全校生徒に周知していく機会を設けていくことも必要であり，「活動の計画や内容は，生徒会の会報や生徒会だよりの発行，校内放送や掲示板の活用などの広報活動を通して，常に全校生徒に周知するとともに，新入生に対して，生徒会活動への理解を深める機会を設けるなど，生徒会活動についての関心や意識を高めるように工夫すること」（文部科学省　2017f: 86）というように，さまざまな形で生徒会の広報活動を行うことも必要である。

(2) 学校行事への協力

生徒会活動は生徒の自発的，自治的な活動であるのに対し，学校行事は学校が計画し，実施するものである。しかし，生徒会という形で，生徒が学校行事の「計画の一部を担当したり，運営に主体的に協力したりする」（文部科学省　2017b: 164）のである。

学校行事をとおして地域・社会とかかわることによって，「活動の範囲が学校内外と広範囲になり，地域・社会における大人との人間関係や社会的なルールやマナーを学ぶことや，自分たちの活動の広がりや自主的な活動の必要性について実感することができる」という側面もあり，このような指導を行う（文部科学省　2017f: 76-77）。

(3) ボランティア活動などの社会参加

　この内容の意義について，『解説』では，「中学生の発達の段階から，生徒の関心が広く学校外の事象に向けられるようになることは望ましいことであり，そうした活動を通して生徒の自己有用感の醸成や学習意欲の向上が期待でき」ると説明している。

　その活動については「地域の行事への参加や生徒会の呼び掛けによるボランティア活動や地域の課題解決に関わる活動として，例えば地域の福祉施設や社会教育施設等での様々なボランティア活動や，有意義な社会的活動への参加・協力（地域の文化・スポーツ行事，防災や防犯，交通安全など），幼児や児童，高齢者との交流，障害のある人々などとの交流や共同学習など，地域や学校の実態，生徒の関心などに応じて様々な活動が考えられる。具体的な活動の工夫としては，地域活性化や防災，教育・福祉，環境の保全・保護など地域が抱えている課題解決に向けた発表会やポスターセッション，パネルディスカッションなどを行うなどの活動が挙げられる」という（文部科学省 2017f: 79）。

第4節　児童会活動・生徒会活動の指導計画と活動計画

1. 授業時数

　特別活動の授業時数については，学習指導要領総則で規定されている。児童会活動・生徒会活動について，小学校は「特別活動の授業のうち，児童会活動，クラブ活動及び学校行事については，それらの内容に応じ，年間，学期ごと，月ごとなどに適切な授業時数を充てるものとする。」（文部科学省 2017a: 20），中学校は「特別活動の授業のうち，生徒会活動及び学校行事については，それらの内容に応じ，年間，学期ごと，月ごとなどに適切な授業時数を充てるものとする。」（文部科学省 2017b: 22），高等学校は「生徒会活動及び学校行事については，学校の実態に応じて，それぞれ適切な授業時数を充てるものとする。」（ただし，「定時制の課程において，特別の事情がある場

合には，ホームルーム活動の授業時数の一部を減じ，又はホームルーム活動及び生徒会活動の内容の一部を行わないものとすることができる。」）（文部科学省 2018: 12）となっている。

　実際には，児童会活動・生徒会活動は，時間割上で教科等のない時間に授業時間内で実施する。たとえば，学校教育法施行規則別表1，別表2によれば，小学校第4学年から中学校第3学年まで，教科等の総授業時数は1015単位時間であり，各教科等の授業は年間35週以上にわたって行うので，1週当たりの授業時数は29単位時間となる。1日6単位時間で週5日授業を実施すると30単位時間であり，差し引き週1単位時間の空コマができる。この時間に小学校の場合はクラブ活動と児童会活動と短時間で実施できる一部の学校行事を，中学校の場合は生徒会活動と一部の学校行事を行う。児童会活動・生徒会活動では，代表委員会活動，委員会活動，1単位時間の児童集会，生徒集会，生徒総会などを実施する。

　代表委員会を昼休みに実施する（国立教育政策研究所教育課程研究センター 2019: 97），生徒会活動の各種の委員会の話合いの時間を，放課後等に定期的に設定するなど（文部科学省　2017f: 85-86）の工夫もある。中学校・高等学校の場合，「生徒会役員選挙等では，選挙管理規則の周知，立候補に関する事務処理，選挙活動，立会演説会，投開票等に必要な時間を適切に充てる工夫が必要である」とされている（文部科学省　2017f: 86）。

2.　学習指導要領における内容の取扱い

　特別活動の指導計画の作成に当たっての配慮事項は小・中・高等学校学習指導要領「第3　指導計画の作成と内容の取扱い」に規定されているが，紙幅の関係でここでは，筆者の視点による重要事項に絞って述べる。

(1) 育む資質・能力を明確にする

　2017・18（平成29・30）年版の学習指導要領は，その総則に規定されているように，「指導を通してどのような資質・能力の育成を目指すのかを明確にしながら，教育活動の充実を図るものとする」ことが教育課程に通底する

ものであり，その教育方法としては「主体的・対話的で深い学びの実現に向けた授業改善」を行うとしている（文部科学省 2017a: 18, 22, 2017b: 20, 23, 2018: 4, 17）。児童会活動・生徒会活動を実施する場合も同様に考えなければならない。それを受けて，特別活動の中では次のように規定されている（引用は小学校学習指導要領）。これ以外にも重要なことが含まれているが，紙幅の都合で割愛する。

> (1) 特別活動の各活動及び学校行事を見通して，その中で育む資質・能力の育成に向けて，児童の主体的・対話的で深い学びの実現を図るようにすること。その際，よりよい人間関係の形成，よりよい集団生活の構築や社会への参画及び自己実現に資するよう，児童が集団や社会の形成者としての見方・考え方を働かせ，様々な集団活動に自主的，実践的に取り組む中で，互いのよさや個性，多様な考えを認め合い，等しく合意形成に関わり役割を担うようにすることを重視すること。
>
> （文部科学省 2017a: 188）

(2) 教師の適切な指導の下の児童生徒の自発的，自治的な活動

> (1) 学級活動，児童会活動及びクラブ活動の指導については，指導内容の特質に応じて，教師の適切な指導の下に，児童の自発的，自治的な活動が効果的に展開されるようにすること。その際，よりよい生活を築くために自分たちできまりをつくって守る活動などを充実するよう工夫すること。
>
> （文部科学省 2017a: 188-189）

　児童会活動・生徒会活動は，児童生徒の自発的，自治的な活動であるが，教育活動である以上，教師の適切な指導が必要である。この際，「自分たちで決まりをつくって守る活動」を充実するように留意する。

　中学校・高等学校においては，生徒の発達段階を踏まえれば，「生徒の自発的，自治的な活動」は，小学校よりもいっそう進めることができる。とはいえ，中学生・高校生であっても，適切な行動ができるとは限らないので，「教師の適切な指導の下に」という点は，必要である。しかし，教師の指導が必要以上に多すぎれば，生徒は教師から管理されているように感じるので，

「生徒の自発的，自治的な活動」と「教師の適切な指導」は二律背反になり，その加減は難しい。この点は中学校・高等学校の生徒会活動にとっては，古くて新しい課題である。

3.　児童会活動の指導計画と活動計画

　児童会活動の計画には，児童の自治的，自発的な活動であるという趣旨から，学級活動，クラブ活動の場合と同様に，「教師が作成する年間指導計画」と「児童が作成する活動計画」の2種類を作成する。

(1) 教師が作成する指導計画

　『小学校学習指導要領（平成29年告示）解説　特別活動編』には，「児童会活動は，全校的な活動で，全教師の共通理解と協力が基盤になって行われる活動である。そのため，年間指導計画の作成においても全教職員の参加，協力が必要である」とあり，「全教職員が何らかの役割を分担して指導計画を作成することが大切である」と述べられている（文部科学省　2017e: 93）。

　学校としての特別活動の全体計画に基づいて，児童会活動の年間指導計画を作成する。この「指導計画に示す内容」には，以下のものがあげられている。

○学校における児童会活動の目標／○児童会活動の実態と指導方針／○代表委員会，各委員会の組織と構成／○活動時間の設定／○年間に予想される主な活動／○活動に必要な備品，消耗品／○活動場所／○指導上の留意点／○委員会を指導する教師の指導体制／○評価の観点や方法

（文部科学省　2017e: 93-94）

　年間指導計画の様式の一例が，『特別活動指導資料』に掲載されている（国立教育政策研究所教育課程研究センター　2019: 97）。

　この『特別活動指導資料』には，児童会活動について「次年度の計画を立てる前のチェックリストの例」が掲載されている。この項目も指導計画を作成する際に参考になるので**表2.1**に示す。

表2.1　次年度の計画を立てる前のチェックリストの例

項目
児童会活動は，児童の計画が生かされ，児童が実践する活動になっている。
児童会計画委員会が設置され，話合いの時間が確保されている。
代表委員会と委員会活動を別の時間に実施している。
代表委員会を月1回程度実施している。
委員会は，児童の発意・発想が生かされるように設置している。
委員会活動は，1年間を通して所属し，児童による年間活動計画が作成されている。
児童会集会活動の指導計画が作成されている。
児童会集会活動の時間が確保され，学期に数回程度，実施している。
活動後に振り返る活動を取り入れ，次の活動に生かしている。
児童会活動の掲示板が設置され，児童会だより等や委員会からのお知らせが掲示されている。
年度末に全職員の意見を出し合い，次年度に向けて活動の見直しをしている。

(出所) 国立教育政策研究所教育課程研究センター (2019: 101)

(2) 児童による活動計画の作成

　教師が作成した年間指導計画に基づき，児童が具体的な活動計画を作成する。代表委員会，各委員会，集会活動を実施するにあたり，年間の活動計画と1単位時間 (ショート集会などの場合は活動1回当たり) の活動計画を作成する。

　児童が作成する児童会活動の年間の活動計画に示す内容は次のとおりである。

　○活動の目標／○各月などの活動内容／○役割分担　など

（文部科学省　2017e: 97）

　また，児童が作成する1単位時間の集会活動等の活動計画に示す内容は，次のとおりである。

> ○活動名／○実施の日時／○活動の目標／○活動内容・プログラム／○参加するために準備すること／○役割分担　など　　　　（文部科学省　2017e: 97-98）

　児童が作成する活動計画の具体例と代表委員会の板書の例が，『特別活指導資料』に掲載されている（国立教育政策研究所教育課程研究センター　2019: 19, 97）

4.　生徒会活動の指導計画と活動計画

　中学校・高等学校の生徒会活動にも，小学校の児童会活動の場合と同じように，教師が作成する年間指導計画などの指導計画と生徒が作成する活動計画の2種類がある。中学校・生徒会活動の年間指導計画に示す内容は，『解説』によれば次のとおりである。高等学校も同様である。

> ○学校における生徒会活動の目標／○生徒会の組織と構成／○活動時間の設定／○年間に予想される主な活動／○活動場所／○活動に必要な備品，消耗品／○危機管理や指導上の留意点／○生徒会役員会，各委員会を指導する教職員の指導体制／○評価　など　　　　（文部科学省　2017f: 84）

第5節　児童会活動・生徒会活動の評価

1.　児童会活動・生徒会活動の評価規準

　評価規準の最も基本となる資料は，国立教育政策研究所教育課程研究センター『「指導と評価の一体化」のための学習評価に関する参考資料』である。この中から，児童会活動・生徒会活動に関する部分を掲載する（**表2.2**，**表2.3**）。これらについては，全文を国立教育政策研究所のホームページで閲覧することができる。

表 2.2　児童会活動の評価規準（例）

よりよい生活を築くための知識・技能	集団や社会の形成者としての思考・判断・実践	主体的に生活や人間関係をよりよくしようとする態度
楽しく豊かな学校生活をつくる児童会活動の意義について理解するとともに，活動の計画や運営の方法，異年齢集団による交流の仕方などを身に付けている。	児童会の一員として，学校生活の充実と向上を図るための課題を見いだし，解決するために話し合い，合意形成を図ったり，意思決定をしたり，人間関係をよりよく形成したりして主体的に実践している。	楽しく豊かな学校生活をつくるために，多様な他者と互いのよさを生かして協働し，児童会の活動に積極的に取り組もうとしている。

（出所）国立教育政策研究所教育課程研究センター（2020a: 65）

表 2.3　生徒会活動の評価規準（例）

よりよい生活を築くための知識・技能	集団や社会の形成者としての思考・判断・実践	主体的に生活や人間関係をよりよくしようとする態度
生徒会やその中に置かれる委員会などの異年齢により構成される自治的組織における活動の意義について理解している。全校の生徒をもって組織する大きな集団での活動のために必要なことを理解し行動の仕方を身に付けている。	生徒会において，学校全体の生活をよりよくするための課題を見いだしている。全校の生徒をもって組織する大きな集団における課題解決のために話し合い，合意形成を図ったり，意思決定をしたり，人間関係をよりよく形成したりしている。	自治的な集団における活動を通して身に付けたことを生かして，多様な他者と協働し，学校や地域社会における生活改善を図ろうとしている。3年間や全校という視野で見通しをもったり振り返ったりしながら，よりよい生活を築こうとしている。

（出所）国立教育政策研究所教育課程研究センター（2020b: 33-34）

2.　児童会活動の評価カード

　特別活動は，児童生徒による自主的，実践的な活動であるから，児童生徒も，学期や年度，一つの行事が終わった後，振り返りを行う。『特別活動指導資料』に掲載されている児童会活動の評価カードの様式をここに示す（図2.3）。これは，「各委員会での児童の様子を学級担任が把握するために，児童の自己評価と担当教師の観察の結果を記録できる」ようにするものである（国立教育政策研究所教育課程研究センター　2016: 79）。

　また，委員会の担当が補助簿で児童を評価し，その結果に基づいて活動状

（　　　）委員会	年　　組 名前（　　　　　　）				担当の先生 （　　　　　　　　）
1学期のめあて					
◎　よくできた ○　できた △　もう少し 活動内容	進んで活動する	協力して活動する	工夫して活動する	活動を提案する	〈感想〉 ・よかったことやがんばったこと ・もう少しがんばりたいこと 〔常時活動もふり返って〕
4月					
5月					
6月					
7月					
〈1学期をふり返って〉				〈担当の先生から〉	

図2.3　委員会活動の評価カード　例

（出所）国立教育研究所教育課程研究センター（2011a: 79, 2019: 100）

況連絡カードを作成し，一人ひとりの児童の良い所を担任に伝えるようにする。それらを通知表や指導要録に記入し，児童の活動が学校のために役立っていることを伝えることによって，自己有用感を高めることが期待できる（国立教育研究所教育課程研究センター　2011a: 53-55, 2016: 79, 2020: 67-69）。

3.　生徒会活動の評価カード

　評価規準に示した「目指す生徒の姿」を基に観察による評価を行うほか，「評価規準の作成，評価方法等の工夫改善のための参考資料」に掲載されている生徒が記入する振り返りカードを教師の評価の参考にすることができる（国立教育政策研究所教育課程研究センター　2011b: 48）。また，特別活動の評

価資料をそれぞれの担当教師から集約するための工夫例も提案されている（国立教育政策研究所教育課程研究センター　2011b: 54）。同様の評価方法が『「指導と評価の一体化」のための学習に関する参考資料　中学校　特別活動』でも紹介されている（国立教育政策研究所教育課程研究センター　2020: 61-66）。

4.　指導要録参考様式

　指導要録の中で，特別活動の評価に関するものは，様式2（指導に関する記録）である。「特別活動の記録」は，「学級活動」「児童会（生徒会）活動」「クラブ活動」（小学校のみ）「学校行事」に分かれている。（文部科学省　2019）（詳しくは第1章図**1.10**（p.18），図**1.16**（p.29），図**1.22**（p.43）を参照）。

第6節　児童会活動・生徒会活動の意義

1.　いじめと児童会活動・生徒会活動

　2017・18（平成29・30）年版の学習指導要領では，次のように，「いじめの未然防止等を含めた生徒指導との関連」について規定されている。同様の文言は，小・中・高等学校のすべてに記載されているが，ここでは小学校学習指導要領（平成29年告示）から引用する。

> 　学級活動における児童の自発的，自治的な活動を中心として，各活動と学校行事を相互に関連付けながら，個々の児童についての理解を深め，教師と児童，児童相互の信頼関係を育み，学級経営の充実を図ること。その際，特に，いじめの未然防止等を含めた生徒指導との関連を図るようにすること。
>
> （文部科学省　2017a: 188）

　学級活動（ホームルーム活動）を中心としているが，「各活動」という言葉の中には児童会活動・生徒会活動も含まれている。
　「いじめ防止対策推進法」（2013年）の第3章（基本的施策）第15条（学校におけるいじめの防止）2で，学校の設置者及びその設置する学校は，「いじめ

の防止に資する活動であって当該学校に在籍する児童等が自主的に行うものに対する支援」その他の必要な措置を講ずるものとする，と明記されており，『特別活動指導資料』でも，児童会活動によるいじめ防止について取りあげている。「児童会活動での取組（例）」として，代表委員会では「いじめに負けない・いじめに強い・いじめを起こさない宣言」，各委員会では各委員会における「いじめ未然防止イベント」（イベントの企画，広報委員会でいじめ未然防止の標語やポスターを掲示するなど），児童会集会活動では，代表委員会で話し合い，「いじめをなくす集会」を企画・運営する，近隣小学校の児童会や小・中・高の児童会と生徒会が共同で取り組むいじめ防止の活動として，「児童会・生徒会サミット」をあげている（国立教育政策研究所教育課程研究センター　2019: 99）。

　中学校・高等学校の生徒会でも，「いじめの未然防止や暴力などの問題を生徒会として取り上げる際には，学校として，このような生徒の主体的な活動を大切にしながら，学校と家庭や地域との連携・協力を積極的に進め，その解決に全力で当たることが必要である」と学習指導要領解説に記されている（引用は中学校）（文部科学省　2017f: 78）。

2.　社会とかかわる児童会活動・生徒会活動

　2011 年 3 月 11 日の東日本大震災の後，全国の学校で義援金を募る活動が行われた。校内のみならず，街角でも中学生や高校生が義援金を募ったが，このとき，多くの学校でこの活動に取り組んだのは，生徒会である。その後の災害でも，児童会や生徒会が義援金を募っている。地域の交通安全に対しての取組みもある。茨城県私立水城高等学校生徒会では，2014 年 9 月 22 日水戸市が実施した水戸駅前での秋の交通安全運動の街頭キャンペーンに参加し，「周りは見えていますか？」と歩行中にスマートフォンを使う危険性を呼び掛けるちらしを作り配布した（『朝日新聞』2014 年 9 月 23 日朝刊茨城版 29 面）。

　生徒会活動には「ボランティア活動などの社会参加」があり，地域社会と交流し地域社会に貢献することができる。これは児童会でも同様である。

[鈴木　樹]

▶ 1. 小学校の代表委員会，中・高等学校の生徒会役員会・生徒評議会，小・中・高等学校の委員会活動（体育委員会，図書委員会など具体的な委員会を取り上げる）の年間指導計画と児童生徒による活動計画を作ってみよう。

▶ 2. よりよい学校生活をつくるという視点から，児童会活動・生徒会活動の活動を提案し，その提案をグループで検討してみよう。活動は，代表委員会，生徒会役員会，各種委員会のいずれのものでもよい。活動内容だけでなく活動計画も含めて，考えること。

   （例）代表委員会 生徒会役員会による朝の挨拶運動，環境美化委員会による清掃コンクール，ボランティア委員会による募金や校内ボランティア活動など。

▶ 3. 小学校の集会活動の案を提案し，模擬集会活動を実施してみよう。代表委員会が企画・運営するもの，集会委員会が企画・運営するもののいずれでもよい。提案者は児童会担当教員役となり，他の学生は児童役となる。児童役の中から委員役を決めて，委員役が集会を進行する。児童役の児童の学年も決めること。

▶ 4. 日本の選挙権年齢は18歳以上であるが，児童会・生徒会選挙は日本の選挙や市民性（シティズンシップ）にどのような影響を与えるか。また，このことを踏まえると，教師はどのように児童会・生徒会選挙を指導・支援したらよいか。あなたの意見をまとめ，グループで話し合ってみよう。

● 引用・参考文献

国立教育政策研究所教育課程研究センター（2011a）「評価規準の作成，評価方法等の工夫改善のための参考資料（小学校 特別活動）」〈https://www.nier.go.jp/kaihatsu/hyouka/shou/10_sho_tokukatu.pdf〉（2019年5月5日最終閲覧）

国立教育政策研究所教育課程研究センター（2011b）「評価規準の作成，評価方法等の工夫改善のための参考資料（中学校 特別活動）」〈https://www.nier.go.jp/kaihatsu/hyouka/chuu/09_chu_tokukatu.pdf〉（2019年5月5日最終閲覧）

国立教育政策研究所教育課程研究センター（2016）『特別活動指導資料 楽しく豊かな学級・学校生活をつくる特別活動 小学校編』文溪堂

国立教育政策研究所教育課程研究センター（2019）『特別活動指導資料 みんなで，よりよい学級・学校生活をつくる特別活動 小学校編』文溪堂

国立教育政策研究所教育課程研究センター（2020a）.「指導と評価の一体化」のための学習評価に関する参考資料（小学校・特別活動）〈https://www.nier.go.jp/kaihatsu/pdf/hyouka/r020326_pri_tokubetsuk.pdf〉（2022 年 7 月 13 日最終閲覧）.

国立教育政策研究所教育課程研究センター（2020b）.「指導と評価の一体化」のための学習評価に関する参考資料（中学校・特別活動）〈https://www.nier.go.jp/kaihatsu/pdf/hyouka/r020326_mid_tokubetsuk.pdf〉（2022 年 7 月 13 日最終閲覧）.

文部科学省（2008）『中学校学習指導要領解説　特別活動編』

文部科学省（2019）「小学校，中学校，高等学校及び特別支援学校等における児童生徒の学習評価及び指導要録の改善等について（通知）」(30 文科初第 1845 号)（平成 31 年 3 月 29 日），参考様式

文部科学省（2017a）『小学校学習指導要領（平成 29 年告示）』

文部科学省（2017b）『中学校学習指導要領（平成 29 年告示）』

文部科学省（2017c）『小学校学習指導要領（平成 29 年告示）解説　総則編』

文部科学省（2017d）『中学校学習指導要領（平成 29 年告示）解説　総則編』

文部科学省（2017e）『小学校学習指導要領（平成 29 年告示）解説　特別活動編』

文部科学省（2017f）『中学校学習指導要領（平成 29 年告示）解説　特別活動編』

文部科学省（2018）『高等学校学習指導要領（平成 30 年告示）』

クラブ活動・部活動

　クラブ活動は，現在小学校において実施されており，学年や学級を離れて自分の興味関心を追求する活動であることから，特別活動の中でも最も伸び伸びと楽しく，豊かな集団活動が自発的に展開できる場である。
　一方，部活動は，課外活動として現在中学校および高等学校にて実施されている。小学校においても，「特別クラブ」として授業開始前および放課後など課外に実施され，事実上中学校・高等学校の部活動と同様の活動がある。
　本章では，主にそれぞれの目標と意義，内容，指導計画の作成，内容の取り扱い，評価について述べる。

第1節　クラブ活動・部活動の目標と意義

　まず，クラブ活動および部活動の学習指導要領（平成29年告示）における扱いについて検討する。クラブ活動は『小学校学習指導要領（平成29年告示）解説　特別活動編』を参照し，述べていく。クラブ活動が教育課程内の活動である一方で，部活動は教育課程外の活動であるので，学習指導要領による明確な目標はない。しかし，中学校および高等学校において2008・09（平成20・21）年版の学習指導要領総則では，部活動について明記されていることから，その部分を参照しながら検討を重ねていく。

1.　クラブ活動・部活動の学習指導要領における扱い

　小学校では，おもに第 4 学年以上でクラブ活動が必修となっているが，これは学習指導要領に明記されており，教育課程に位置づけられている特別活動の一領域とされているためである。一方，中学校では 1998（平成 10）年，高等学校では 1999（平成 11）年改訂（実施は，それぞれ中学校が 2002（平成 14）年，高等学校が 03（15）年）の学習指導要領で必修のクラブ活動は廃止され，現在では各学校の実態に応じ，課外活動の一環として部活動が行われている。

　なお，現在に至る「クラブ活動」と「部活動」の位置づけや関係の流れをまとめれば，**表 3.1** となる。

　次項からは，クラブ活動または部活動に注目し，それぞれに焦点を当て，検討を重ねていく。

表 3.1　小学校・中学校・高等学校における部活動の位置づけと関係

		昭和 44 年〜	平成元年〜	平成 10 年〜現在
小学校，中学校，高等学校における教育活動	教育課程	クラブ活動	クラブ活動（小学校必修・中学校高等学校への部活動代替措置認可）	クラブ活動（小学校必修）（中学校・高等学校への部活動代替措置廃止）
	教育課程外	部活動	部活動	部活動

（出所）東京都教育委員会（2005）を参照し，一部筆者が加筆。

2.　クラブ活動の目標

　これまで明確に示されていなかったクラブ活動の目標は，2008 年版小学校学習指導要領において明記され，2017（平成 29）年版学習指導要領第 6 章第 2〔クラブ活動〕の「1. 目標」で次のように示されている。

クラブ活動の目標

> 異年齢の児童同士で協力し，共通の興味・関心を追求する集団活動の計画を立てて運営することに自主的，実践的に取り組むことを通して，個性の伸長を図りながら，第 1 の目標に掲げる資質・能力を育成することを目指す。

ここで，本目標の文言に注目してみる。

まず，クラブ活動を通して取り結ばれる「異年齢の児童同士で協力」することについてであるが，クラブ活動に参加する児童は，学習指導要領に則れば，4年生から6年生の有志が集合し，異年齢集団を組織したうえでともに協力し合って活動を展開していくことになる。ここで子どもたちが出会う集団は，学年や学級が異なる同好の児童集団であることを示す。つまり，教師が学級や学校集団の人間関係を育てることが目的ではなく，児童自らが同年齢および異年齢の仲間と望ましい人間関係を形成しようとする態度を育成していくことであるといえよう。

では，「望ましい」人間関係を形成している子どもとは，どのような子どもの姿を示すのであろうか。

それは，自身の取る行動や言語の中で他人を傷つけたり相手とトラブルになったりするものが何かをわきまえ，議論はするが折り合いをつけるころあいを見計らって他者と関わり，わきまえていることを，自然に言動に表すことができる姿といえよう。

人間関係を形成する環境の変化に注目すれば，かつて兄弟の人数が多く，外遊びが盛んであったことから，多様な他者と触れ合う経験が豊富にあった時代では，子どもたちはそれらを自然に身につけていた。しかし，子どもの人数が減り，兄弟姉妹の関係も薄くなってきた現状を踏まえるとすれば，そうした人との関わりを，学校において擬似的な体験などを通して学ぶ機会をつくることが必要とされるようになってきた。そこに，特別活動の重要性がうかがえるといえよう。

ここで，人間関係を学ぶ集団の発達段階をどうとらえるかに注目する（表3.2）。児童の発達を考慮し，中学年の児童に見られる姿であると考えられる第4段階から示す。クラブ活動は4年生から6年生の児童の集合体であることから，教師に求められているのは，こうした子どもの集団生活における発達に注目しながら活動内容やグループの特性を生かしつつ，指導支援することである。

また，そうした人間関係を形成していく中で，「個性を伸張」するためには，

表 3.2　学校生活における集団活動の発達的な特質（段階別）

段階	集団の発達的傾向の段階	集団の具体的な特色
第4	仲間同士の結びつきが強まり，リーダー性を強く発揮する児童も現れ，グループ活動が盛んになる	ア．グループの関係がはっきりしてきて話し合いや係活動などで中心になる児童も生まれる イ．他のグループを意識し，自分のグループを主張した行動が増えてくる ウ．仲良しグループや同性同士のまとまりが強まり，男女の反発も出てくる
第5	リーダー的な児童を中心にし，計画を立て，グループ活動ができるようになる	ア．リーダー的な児童が中心になり，教師の力を借りなくてもある程度グループをまとめることができるようになる イ．当番活動や係活動等で簡単な活動計画を立てて活動したり，反省会を持ったりできるようになる ウ．個々の集団は，昼休みや放課後などを利用して進んで集団として活動し始める
第6	グループ活動における自治的な活動が高まり，リーダーとグループの成員の関係が生まれる	ア．特定のものに固定される傾向はみられるが，リーダー的資質が高まる イ．グループの活動目標を大切にし，その実現に向けて協同して活動するようになる ウ．リーダーへの協力関係や男女間の協力関係も生まれ，グループとしてのまとまりある活動ができるようになる
第7	グループ内のリーダーとグループ成員の関係が自覚的になり，話し合いに基づいて協力活動ができる	ア．それぞれの立場からリーダーを積極的に助け，比較的多くの児童がリーダーの役割を果たせるようになる イ．グループや係の活動が学級全体との関連を図りながら進められるようになる ウ．学級全体のことを意識しながら協力活動ができるようになる
第8	学級全体のリーダー的児童が生まれ，リーダーとリーダーの関係が結び付き，学級全体の話し合いに基づいて協力活動ができるようになる	ア．リーダー同士が其々の立場を自覚し，力を合わせ，みんながそれに協力し，学級全体のまとまりがよくなる イ．各自の個性を生かした役割分担をし，学級がまとまって目標達成のための活動ができるようになる ウ．学級と全校規模との活動が関連的にとらえられるようになる

（出所）杉田（1984: 34-38）より一部修正のうえ作成。

集団の活動を推進していく中で，それぞれの子どもがもつ個性を尊重し認め合うことで，集団の中でそれぞれの良さを伸ばしていくということである。

　教師がこのような子どもの発達を考慮しつつ一人ひとりを認めていくことで，子ども同士の認め合い学び合いも生まれ，子どもが自ら活動を創ろうとする意欲が増し，集団の一員として自主的に活動に参加しようとし，実践する姿が見られるようになるのである。

　クラブ活動はあくまでも集団の一員として活動を展開していくことに意義がある。個人の興味関心を他者と関わることなく追求していくものではないことを，教師も児童も承知している必要がある。そのため，活動は集団で共有しつつ，個人の個性を伸張していくことができるような内容を取り入れ，実践していくことになる。

3.　部活動の位置

　中学校および高等学校における部活動（一部地域により行われている小学校の「特別クラブ（部活動）」を含む）は，教育課程外の活動であり，各学校の学校長が認めた課外活動という位置づけにある。

　したがって部活動は，生徒も教師も，クラブ活動のように活動を行う義務や責任をもたず，それぞれの自由意志による，任意参加の活動であるといえる。各学校により各部活動のルールにしたがって，自由に行われる活動である。小学校では「特別クラブ」または中学校高等学校と同様「部活動」として課外活動を実施している場合がある。したがってその目標は各学校および部によって異なる。

　ただし，2008年版の学習指導要領総則に部活動について明記されたことから，部活動を学校教育の一環として中心的指導者を教職員に，参加体制を生徒全員参加とし，実施している自治体もある。

4.　部活動の目標

　前述したように，部活動の目標は，各学校および部によって異なる。
　また部活動について，ある学校では，「社会体育的要素があるが，現状は

学校を中心として行なわれるため，教育活動の延長としてとらえて生徒の自主性と個性を伸ばし青少年の健全育成に役立てる。」とし，

　①部活動は生徒が生きがいを感じ自由に選んで出来る活動である。

　②余暇の善用をはかり，生活にうるおいを与える。

　③体力，忍耐力，協調心を養うことができる。

　④自己の個性や能力を発見し，伸ばすことができる。

　⑤生徒相互の切磋琢磨するよい機会である。

　⑥自主的，自発的行動する態度や習慣および責任感を養うことができる。

　⑦校則や集団の決まりを守り，所属感や連帯感を身につけることができる。

　⑧自発的に希望する生徒が参加し，心身の鍛錬をはかるとともに，高い技
　　術の向上を目指す活動である。

として部活動を奨励している。

　とくに運動部活動に関しては，主として保健体育科の目標である「心と体を一体としてとらえ，健康・安全や運動についての理解と運動の合理的，計画的な実践を通して，生涯にわたって豊かなスポーツライフを継続する資質や能力を育てるとともに，健康の保持増進のための実践力の育成と体力の向上を図り，明るく豊かで活力ある生活を営む態度を育てる」ことを踏まえた活動を行うことなどが求められている。

　このように，教育課程との関連を図る際の一つの取組みとして，各教科等で学習した内容を運動部活動で活用する取組み，たとえば，保健体育科の体育理論で学習した「運動やスポーツが心身の発達に与える効果と安全」，「運動やスポーツの効果的な学習の仕方」を活用して練習の計画を立案したり，また，保健体育科以外の教科等でも，中学校数学科で学習したヒストグラムを活用して試合での作戦や練習の方法を考えるなどの取組みも想定される。

　これは，文化部に所属する吹奏楽部が教科である音楽科と関連を図る可能性があることや，美術部が教科である美術科と，文芸部が国語科と関連を図るなども同様に考えられる。

5. 部活動の意義

　部活動は，学校教育の一環として取り組まれ，共通のスポーツや文化および科学等に興味・関心をもつ生徒が集い，その能力・適正，興味・関心に応じた活動を通じて，より高い技能や知識の習得を目標に継続して努力し，充実感や達成感を味わうなど，生徒が豊かな学校生活を送るうえで大きな意義をもっている。また部活動は，生徒が授業や学級・学年の枠を超えて，共通の目標を掲げた集団が切磋琢磨する中で，顧問教諭との関係や同学年の仲間，先輩・後輩の縦の関係を学ぶなど，自主性，協調性，責任感，連帯感などが養われ，人間関係や社会的資質を培うために重要な活動となっている。

　さらに，部活動は，生涯にわたってスポーツや文化および科学等に親しむ能力や態度をはぐくむとともに，生徒の健やかな体と豊かな心を育て，家庭や地域とのつながりを強め，また，学校の伝統や特色づくり，愛校心の高揚に寄与するなど，学校経営の視点からも大きな意義をもっている。まとめると，部活動の意義は，①個性の伸長，②学習意欲の向上，③体力の維持，健康の保持増進，④学校生活の充実，⑤自立的な態度の育成，⑥豊かな人間性の育成，⑦生涯に通ずる基本的技能や知識の習得，⑧社会性の育成，であるといえよう。

　とくに運動部活動は社会体育的要素があるが，現状は学校を中心として行なわれているため，教科時間外の活動であるが，教育活動の延長としてとらえ，生徒の自主性と個性を伸ばし青少年の健全育成に役立てることを目指している学校が多い。また，部活動とはいえ，全員参加を原則としている学校が，中学校に多くなってきている。

第2節　クラブ活動・部活動の内容

　次に，2017・18（平成29・30）年版学習指導要領では，クラブ活動および部活動の内容をどのようにとらえているかについて検討する。

1.　小学校のクラブ活動における内容とその指導体制

　クラブ活動の内容については，学習指導要領第6章第2の〔クラブ活動〕2「内容」で，次のように示している。

　1の資質・能力を育成するため，主として第4学年以上の同好の児童をもって組織するクラブにおいて，次の各活動を通して，それぞれの活動の意義及び活動を行う上で必要となることについて理解し，主体的に考えて実践できるよう指導する。
(1) クラブの組織づくりとクラブ活動の計画や運営
　児童が活動計画を立て，役割を分担し，協力して運営に当たること。
(2) クラブを楽しむ活動
　異なる学年の児童と協力し，創意工夫を生かしながら共通の興味・関心を追求すること。
(3) クラブの成果の発表
　活動の成果について，クラブの成員の発意・発想を生かし，協力して全校の児童や地域の人々に発表すること。

　ここでは，クラブ活動の内容として示されている (1) ～ (3) について具体例を交えながら解説する。

(1) クラブの組織づくりとクラブ活動の計画や運営

　『小学校学習指導要領（平成29年告示）解説　特別活動編』(以降『解説』と略記)には，以下のように記載されている（文部科学省　2017c: 105）。

　児童が活動計画を立て，役割を分担し，協力して運営にあたること。

　つまり，クラブ活動が児童の自治的自発的な活動であることから，4月のクラブ発足時にはクラブ集団としての年間活動計画を作成し，実践していくのである。さらに，中期的・短期的目標として，学期ごとの活動計画や月ごとの活動計画を作成し，役割を分担しておくと，児童にとっては各自の活動がより具体的にイメージしやすくなり，自発的な活動を促進させることにな

る。また指導する教師にとっても，児童の活動内容がより具体化されるため，指導支援を適時行うことが可能になる。

　なお，クラブ活動における指導計画は，児童の自発的，自治的な活動を育てる基本的な枠組みであるから，その活動に先立って，教師は児童とともに，一層具体的な活動計画を立てる必要がある。児童の手によって自発的・自治的に計画が立てられるようになると，児童の活動意欲も増し，活動自体が活発になり，望ましい活動が展開されることが期待できる。ただし，クラブ活動は教育課程内の活動であることから，児童の自由な発想を活かすことは考慮しながらも，計画段階から教員の適切な指導助言を欠かすことがないよう配慮する。

　このことは，『解説』にも，「自発的，自治的な活動としてクラブ活動を展開するためには，年間や学期，月ごとなどに児童が活動計画を立て，役割を分担し，協力して運営に当たることができるようにする必要がある。また，所属するクラブの成員が，クラブの目標の実現に向け，異年齢の児童と話し合ってクラブとしての意見をまとめたり，計画を立案してその運営に当たったりすることができるようにすることが大切である。」（文部科学省　2017c: 105）と明記されている。

(2) クラブを楽しむ活動

　「クラブを楽しむ活動」とは，『解説』によれば，「異なる学年の児童と協力し，創意工夫を生かしながら共通の興味・関心を追求すること」（文部科学省　2017c: 106）としている。

　ここで注目すべき点は，今期改訂で削減された「教師の適切な指導」と，「仲良く」が削減された「異なる学年の児童が協力し」との2点である。確かにクラブ活動は子ども一人ひとりの興味関心ができるだけ生かされることが求められるが，学校教育の一環であり，組織として運営される点を考慮すれば，そこに教師の適切な指導は必要である。ここでは，教師の「適切な」指導をどのように解釈するかが大事なのであって，常に教師の指導が優先し，そこに児童の思いや願いが込められないものであってはならない。したがっ

て，指導をする際には，必要最小限の決まりを守ることを前提とし，できる
だけ児童の要望を取り入れることが求められる。

　必要最小限の決まりとは，児童が作成する活動計画の中に異年齢集団の集
団性を盛り込み，活かすことである。この決まりを遵守することにより，「み
んなで話し合ってつくった決まりを守ったり，役割を交代して誰もが楽しむ
ことができる」ような活動になるのである。

(3) クラブの成果の発表

　クラブ活動は，成果を求めることが目標になるものではないが，教育活動
の一環として位置づけられていることも考慮し，そのクラブに所属する成員
が，活動の過程で共通の興味・関心を追求してきた成果を発表する場を設け
ることには意義がある。したがって成果発表は，活動への一層の意欲を喚起
するものとして取り入れられている。そのことについて，『解説』では，「活
動の成果について，クラブの成員の発意・発想を生かし，協力して全校の児
童や地域の人々に発表すること」としている（文部科学省　2017c: 107）。

　クラブ活動の成果発表の機会としては，運動会や学芸会などの学校行事や
児童会全校集会などの場での発表，校内放送や展示による日常の発表，年間
活動のまとめとして行う展示や映像，実演などの方法による発表が考えられ
る。また，学校の実態に応じて学期ごとなどにさまざまな機会を活かして発
表の場を設定するようにしているところもある。これらの方法は，児童の活
動意欲を高めるうえで効果的であり，望ましいことである。

　なお，現在全国の小学校でおおむね実施されている，年度末に 1 年間のま
とめとして行うクラブの成果発表は，次年度に向けた参加者勧誘の場として
も利用されている。とくに，次年度からクラブに参加するようになる 3 年生
がクラブ見学をするのは，クラブ選択の際のオリエンテーションの機会とし
て活用されていると考えられる。

2.　中学校・高等学校の部活動における指導体制

　上述したように，部活動は学習指導要領において教科外活動として位置づ

けられ，参加は任意であるが，2008 年版学習指導要領総則に明記されたことを受けて，各学校や自治体によっては学校教育として位置づける傾向がみられる。

したがって，部活動の顧問は，可能な限り学校の教員が担っている。

ただし，生徒の要望を受け入れるに当たり，指導助言ができる教員がいない場合は，「部活動インストラクター」(神奈川県) などとして地域の人材に協力を仰いでいる場合もある。その場合は，日々の練習や対外試合などの引率にその学校の教職員が付き添い，事故を未然に防ぐ体制を整えている。

部活動が学校教育として位置づけられている場合，年間指導計画の作成が義務づけられていることがある。その場合は，学校独自で規定している年間指導計画作成の枠組みが存在することがある。また，各自治体の教育委員会で定めている枠が存在する場合もある。

ここでは，多くの計画書の中で共通して記載されていると思われるものを取り上げ，その一例を示す (図 3.1)。

このような年間指導計画の内容は，担当の指導者が作成する。学校によっては，作成したものを部員に提示している。

その他に，日々の練習内容を記述した「部活動日誌」を作成し，活動の振り返りをしている。多くの場合，「部活動日誌」への記述は生徒が行い，その後担当の顧問または教師が確認をし，所定の欄にその旨記述するようになっている。

年間指導計画書および部活動日誌については，学校または自治体独自に作成されたものが存在するが，前者については，部員数・活動日・活動時間・活動場所・目標が必ず記載されるようになっている。また，後者については，例示したような内容で毎日詳細に記述する形式を用いているものや，一枚の用紙に一週間分が記載されるようになっているものなど，さまざまである。

指導者または顧問は，毎日記載されたものに目を通し，記述する欄があるかないかも指導者または顧問の活動への取組み方に違いが出る可能性を示唆しているといえる。

とくにマネージャーがいない部活動においては，記載者が選手である可能

部　員　数	男子　　　名　　　女子　　　名　計　　　　名		
活　動　日			
活動時間			
活動場所			
目　　標			
月	公式戦	その他の活動	校内での活動，練習内容
4			
5			
6			
12			
1			
2			
3			

平成○○年度　○○部年間計画

図3.1　年間指導計画 例

性が高く，詳細に記述する時間がなかなか取れない現状もうかがえるが，記
述者を輪番制にするなどの工夫をすることで，一人に負担がかからないよう
にし，当日の活動状況が把握できる記述内容になるような工夫が必要である。
また，指導者または顧問の役割として，活動記録に目を通した後，次回の活
動日の練習を開始する前に，前回の活動内容について考察したことを口頭で
生徒に紹介するなどすると，生きた記録となり，生徒の意欲を喚起するよう
になると考える。

3.　クラブ活動・部活動の設置方法と種類

　ここでは，このように計画的に実施しているクラブ活動および部活動は，
どのような方法で設置されているのかについて検討する。

(1) クラブ活動の設置方法

　現在，学習指導要領の規定により，ほとんどの小学校で4年生以上がクラブ活動に参加するようになっている。学校事情により，3年生から参加，小規模校では1年生から参加しているところもあるが，全国的にはごくわずかである。したがって，ここでは4年生からの参加を視野に入れ，筆者調査をもとに検討する。

　クラブ活動設置方法で最も多かったのは，まず特別活動担当教員（以下担当教員）が種類を選択し，その中から事前に児童の希望を調査するというものであった。この場合は，児童にクラブの種類を検討する機会はない。

　児童がクラブの種類を検討する機会を与えている場合は，その方法として，①担当教員がある程度提示し，それ以外に新設したいクラブがある場合は児童がそれを提示する。提示されたものをもとに指導者の有無を踏まえて担当教員が審議したうえで可能であれば新設を許可する，②担当教員がある程度クラブの種類を提示するが，最終的にその年に実施するクラブの種類を決定するのは児童である，③クラブの種類を決定するのはすべて児童である，の三種類があった。

　入部方法は，（ア）希望調査を実施し，希望数の如何によらずすべて児童の希望通りに入部させる，（イ）希望調査を実施し，希望が殺到したクラブは担当教員が調整する，（ウ）希望調査を実施するが，その際児童は第3希望まで記述し，それをもとに担当教員が割り振る，の何れかであった。最も多かったのは（イ）であり，（ア）はごく少数であった。

　③の方法を取り入れている学校の中には，クラブの種類を決定した後，各クラブを担当する教員の依頼，その年のクラブ設定などすべてを児童に任せているところもあった。なお，各クラブ担当教員は，その小学校に勤務しているすべての教職員が当たっている場合が大半を占め，たとえば伝統芸能や特殊な技術をともなうなど，教員では賄いきれない部分があるクラブを設置した場合は，クラブの内容によってボランティアとして地域の方や専門的に携わっている人を要請してクラブ実施を実現させているところもあった。

（2）部活動の設置方法

　現行では，部活動は課外活動であることから，発足当初は参加実施を希望する生徒を中心に部員を勧誘したり学校へ申請したりするのが筋であるが，多くの場合，すでに存在する部活動を主流として実施している学校が多い。

4.　クラブ活動・部活動の課題

（1）クラブ活動における指導の基本的な課題

　これまで述べてきたような教育的意義および価値をもつクラブづくりを目指そうとすると，いくつかの指導上重要な問題がみえてくる。

　まず，打ち解けた集団としてのクラブは，原則的には子どもたちの自由意思によって形成されているところに第一の特色があるといえよう。そのうえ，共通の趣味や関心をもった，学年や学級の枠を超えた異年齢集団の仲間として形成されている集団である。このような集団形成は，児童期後期の子どもたちにとってその人格形成に重要かつ多大な影響力をもつと考えられる。このような集団を構成し，学校教育として教育的効果を高めることは，学校での生活指導にとって極めて重要な存在となる。つまり，形式的な集団である学級ではなしえない面を，教師は児童の先に立って指導するのではなく，伴走しながら側面援助することで，児童の活動に対する意欲を喚起し，それを継続させることができるといえよう。

　とくに人間関係が希薄であるといわれている昨今，異年齢集団活動である，クラブを通した集団づくりに注目し，助長させていく必要がある。したがってクラブ活動の特質は，単に知識理解や技能の向上に集中し，個人的な活動になるのではなく，その集団に属し，集団の一員として運営に参加し，一人ひとりがクラブ運営に必要な役割を果たすことができるような，生活経験や集団経験の過程を重視する指導が必要である。

　教育課程内に位置づけられ，全員参加を建前とする現在のクラブ活動では，それぞれの集団にいろいろな課題をもつ児童が参加している。そこには能力についての個人差や，年齢による発達段階の差も影響してくる可能性がある。学年の枠を越えた縦の集団を，子どもたち自身の手で自治的に運営していく

という経験は，とくに4年生にとって彼らの成育歴の中で初めての経験であるといっても過言ではないだろう。そういう意味でも，小学校で行われているクラブ活動には大きな教育的価値があるといえる。

　以上のような意味で，クラブを指導するに当たり，指導支援を行う教師は，どのような集団としてのクラブがより教育的効果を発揮しうるかを十分考慮し，教育効果を支える集団としての条件と集団に参加する児童の心理的側面を理解することが重要である。

(2) 教育的効果を支えるクラブ活動の条件と指導

　クラブ活動の教育的効果を支える条件を考える（全国教育研究所連盟　1981）と，指導上第一に問題になることを，池田源宏（1990）は，クラブ活動が児童にとって，①興味関心のある内容であるか，②集団にまとまりがあるか，③自由で能動的，自治的な活動が行えるようになっているか，の3点であると指摘している。これらの条件は相互に関連し合っているものであり，クラブ活動の特質を最もよく発揮した活動の展開が，指導上教育効果を支える条件として求められるものであると述べている。

　つまり，活動を子ども一人ひとりに興味のある内容にすることは，児童の要求する活動を十分に吸収し実際に活かすことができる指導の手立てを考えることであり，それが活動そのものに興味関心および意欲を継続させる前提条件となるといえる。そして，これが個人技を尊重しつつ集団のまとまりにつなげていくことができるよう，活動計画や進め方において検討することが重要である。ここで検討すべきことは，生活年齢に注目すれば，4年生から6年生までの上下関係を含んでいること，その生活年齢にしばられない発達に応じた要求があること，それらを集団の中で充足させるためにはどのような活動が可能であり有効であるかということである。

　次の課題は，活動時間や施設および設備，経費，クラブの所属人数など，外的条件の整備や充実をどうするかという問題である。クラブ活動の運営に課題がある理由に，これらの条件の制約があることも否めないことから，クラブの編成や指導に当たっては，各学校の実態に即して十分に考慮する必要

があるといえる。

(3) クラブ活動をめぐる諸問題

　クラブ活動が教育課程内に導入された1970年代の社会的背景には，当時わが国の高度工業化社会から派生してきた人間疎外現象を根底にもつ人間社会の連帯感希薄化があった。

　現在は家庭環境も含め，人間関係が希薄化していることへの危機感があり，こうした人間関係を円滑にするための活動に注目する傾向にあることから，同年齢および異年齢集団での学びを展開する学校教育におけるクラブ活動の重要性が伺える。

　しかし，実際に教育活動の中に定着させようとした時，いくつかの問題が明白になっている。ここでは，その問題について3点に絞って検討する。

　一つにはクラブ活動運営上の問題があり，二つにはクラブ活動の質に問題が，三つめには指導体制や指導者の問題があげられる。

　まずクラブの運営上の問題であるが，現在のその実態を筆者が調査したところ（佐野　2014，電話でのアンケート調査。調査対象地域および関係機関：各都道府県教育委員会），クラブ活動の時間は，週に1単位時間も取れていない地域が多いことが明らかとなった。理由は，行事や祝祭日の多さ，学習時間の確保，クラブ活動軽視である。

　現在クラブ活動を実施している小学校の平均的年間活動時間は，およそ7〜8時間である。また，クラブ活動の内容によっては，天候条件などで児童が希望する活動がつぶれることこそあれ，配当時間を増やしたり活動自体を別の日に変更したりすることは現実的に困難な状況にある。

　そのうえ，2単位時間ごとに展開されるクラブ活動の内容が充実してきても，次に実施されるまでに子どもたちの活動意欲が薄れ，意欲の継続が難しい事態に陥ることもある。その救済措置として，学校によっては年間活動時間として確保できる7〜8時間を行事や祝祭日が比較的少ない夏休み前に集中させ，実施しているところもあるが，児童にとっては学校教育の後半にクラブ活動がないことによる意識の低下が懸念される。

　二つめにあげたクラブ活動の質の問題であるが，第一にあげた実施時間の確保が難しい点からもその影響は大きく反映する。その他には，施設設備の問題が浮上する。クラブ活動は，教育課程に組み込まれている児童全員参加の活動であるため，実施は一斉に行われる。そのため，とくに体育館や校庭を利用するクラブでは，場所の確保が難しく，中・大規模校においてはその利用方法に工夫が必要となる。また，ものづくりを通して活動を展開するクラブでは，材料費の捻出方法にも課題をもつ。現在はすべてを公費でまかなうことはせず，活動を展開するうえで個人負担も視野に入れていることから，子どもの興味関心ではなく家庭環境によってクラブを選択せざるを得ない状況も発生している。こうしたことも含め，なかには自分が希望しているクラブに入部できない場合もあり，それが活動意欲を低下させる原因の一つになっている場合もある。

　三つめにあげた指導体制ないし指導者の問題についての基本的な部分について検討する。

　この問題の背景にはいろいろな問題があることは明らかであるが，今日的な問題としては，とくに時数の確保があげられる。現在，学習内容の遂行，行事の実施などを考えれば，週5日制の中でクラブ実施の時数を確保することが難しい学校が多いように見受けられる。前述したように，年間を通して週1回クラブを実施している小学校は少ない。この点が今後の課題として検討すべき課題であると考えられる。指導者については，現在全校体制でクラブ実施に向けた体制作りをしている学校が多いことが筆者調査（2014年実施）で明らかである。

(4) 部活動の課題

　現在課外活動として実施されている部活動の課題について検討する。

　関喜比古（2009）は，部活動の課題について西島央（2008）や自身の調査研究で得た現場の教師による証言をもとに，次の二点を指摘している。

　第一は，活動時間の問題であり，第二は顧問教師への支援の問題である。

　関（2009）が挙げている課題の第一を払拭する手立てとして，現在一部の

都道府県や自治体において実施されているのが「ノー部活デー」という取組みであり，文科省スポーツ庁においても部活動の休日を設けることを推奨している。

5.　クラブ活動・部活動における今後の取り組み

　児童生徒が参画し，作り上げていくクラブ活動・部活動にしていくためには，児童生徒一人ひとりが自発的・自治的に活動を推進していくことが大切である。そうしたことを実現させていくための，教師の姿勢や指導の在り方，活動の流れなどについて，具体例を示しながら説明していく。

（1）クラブ活動における今後の取り組み

　児童が参画するクラブ活動をどのように運営していくかについて考える。クラブ活動にかかわる教師は，その学校に勤務する教職員全員であることが前提である。そのうえで，事前に年間の活動について三つの内容が織り込まれるよう考慮しながら大筋を作っておく。具体的なクラブ活動の計画や運営については，各学校の児童の実態に即して明らかにし，教職員以外のボランティア体制やクラブ成果の発表の方法および場などを具体的に明記しておく。連絡調整はクラブ担当者が行う。次に，児童が「クラブ活動を楽しむ」とはどのようなことかを検討していく。

　一例としてクラブ設置方法を取り上げる。

①　クラブ活動設置方法

　クラブを設置する際には，次のような手順を踏み，計画から実行，決定までをその年のクラブ長が役割分担をし，当該学年の学級担任と連携しながら執り行う。

　①前年度までの活動を参考資料として提示し，児童が設置したいと考える
　　クラブについてのアンケート調査を行う。

　②アンケートの集計をし，設置希望クラブ名と参加希望者人数を該当学年
　　に提示する。

　　　その際，クラブ設置規定（参加人数の上限と下限・一クラブの参加学年

　　　など―クラブ活動は，異学年交流を目的とする活動でもあるので，クラブに
　　　参加が可能な学年がすべてそろっていることなど―）を提示し，基準を満た
　　　さないクラブ設置は見合わせることを明記する。また，この時点で極端
　　　に人数が殺到しているクラブについては活動が制限される可能性がある
　　　ことなどを知らせ，希望変更検討を促す。その際，最高学年の意向を優
　　　先することを伝える。
　　③新設クラブまたは第1回目の調査で既定の人数に満たなかったクラブへ
　　　の入部希望者は，定められた日時までに勧誘など何らかの手立てを講じ，
　　　人数が規定を満たした段階で，クラブ担当者にその旨連絡をする。
　　④再度アンケート調査を実施する。
　　⑤設置クラブを決定したうえで，該当学年に提示し，参加希望クラブのアン
　　　ケート調査を実施する。
　　⑥決定事項を該当学年に伝える。
　　以上を実施するためには，余裕をもった検討期間が必要となる。また，と
　くに運動系のクラブを実施する場合，活動場所の確保が必要となる。自治体
　や行政との連携により，近隣の公園など活動可能な場所の借り入れについて，
　教師が検討しておく必要がある。なお，年度当初に該当学年の児童が一堂に
　会してクラブ結成式を行っている学校があるが，こうした活動を取り入れる
　ことも，学習指導要領に示されたクラブ活動の目標や内容を達成する要因の
　一つになりうると考える。
　　次に，児童の自発性や自治性，メンバーとの協力や協調性を高めるために，
　クラブ活動計画をどのように立てるかについて考える。

② **クラブ活動計画の作成と実行**

　　たとえばクラブ活動計画表を個人カードとして作成し第1回のクラブ活動
　日に配布し，各自が記述する。クラブ目標および全体の活動計画は，クラブ
　に所属するメンバーで話し合いをもとに決定していく。その後個人の目標お
　よび活動計画を立てる。2回目からは立てた計画をもとに活動を実施してい
　くが，毎回活動の終わりに振り返り，記録に残す。ただし，クラブによって
　は記述する場所や時間が確保しにくい場合があるため，たとえば計画が実行

クラブ名		学年・氏名		
クラブ目標		個人目標		
回	全体の活動	個人の活動		振り返り
1				
2				
3	月毎など複数回活動した後全体で振り返りをし，次につなげていく	事前に目標を記述しておき，毎回振り返りをする。できた部分に下線を引く		当日の活動に満足したら○
4				
5				
6				
最終回				
一年間を振り返って		文章表記による振り返りは，時間的余裕があれば各学期ごとに実施するとより効果的である。その際は，学期ごとに記入できる欄を付加する。		
担当の先生から				

図3.2　クラブ活動計画および活動の振り返り表 例

できた部分に下線を引くなどし，振り返りの欄には充実した時間を過ごせた
かどうかを○などの記号で示し，可視化しておく。学期の最後には，メンバ
ー全員で今後の計画の練り直しをし，次につなげていく（**図3.2**）。

　クラブ活動は，自発性・自治性を重んじ，自己の興味関心を活かす活動で
あるが，同時に学級や学年を超えた集団での協力や協調性を学ぶ機会でもあ
る。互いに学び合って充実した時間を過ごすことにより，活動への満足感や
達成感を高めることができると考える。

(2) 部活動における今後の取り組み

　前述した関（2009）は，部活動における関係改善に向けた今後の取り組み
として，「特に，経験のない分野の運動部等の顧問になるような場合には，
当該種目に対する理解を深めるための学習を奨励することに加え，生徒のけ
がや事故を未然に防ぐためにも，日ごろから養護教諭との密接な連携を図る
とともに，整形外科医等も招き，スポーツ障害をもたらす様々な事例につい

項目 ＼ 回	1	2	3	4	5	6	7	30	31
1. 昨夜はよく眠れた									
2. 朝食をきちんと食べた									
3. 今熱がない									
4. 今腹痛はない									
5. 今胸痛息苦しさはない									
6. 今手足に痛みはない									
7. 今その他の体に痛みはない									
8. 現在けがで病院にかかっていない									
9.（上記以外の症状①）									
10.（上記以外の症状②）									
顧問チェック欄									

図3.3　健康チェックシート　例

（出所）独立行政法人日本スポーツ振興センター作成，を参照。

て学習する機会を設けることが望ましい。」（関　2009: 58）としているが，これまでの苦い経験から，現在実施している学校が増えてきていることも事実である。また，部活動をめぐる事故を未然に防ぐ方法として，生徒の健康管理を十分に行うべく，事前の健康調査を行う学校が増えてきている。

　その方法の一つとして部活動開始前に行う健康チェックがある（**図3.3**）。

(3) 学校内外での発表の場を広げる活動

　クラブ活動も部活動も，その活動で得た成果に対し，同好のメンバー以外の人の賞賛を得ることは，よりいっそうの満足感や達成感を味わう機会ともなる。そこで，ここでは学校内外での活動方法や，地域の人材を活かしたクラブ活動および部活動運営に焦点を当て，具体例を述べる。

① 校内での発表の場を広げる活動

　クラブ活動や部活動で獲得した技術の披露や伝授を，朝の会や長い休み時

間を利用して実施する。場所は教室やホール，体育館・校庭の一角などで行い，対象は希望者または希望した学級・学年とする。活動計画作成の際，全体計画の中に大体の目安を記入しておく。ただしクラブ活動の場合，その性格上または成員の発達段階を考慮して全員がノルマとして実行しなければならないものではなく，個人のペースに合わせて参加する。何回参加してもよいが，少なくとも最後のクラブ成果発表会までに一回は技術披露会に参加することとする。

　小学校で実施しているクラブ活動では，その成果を1年に1回発表するだけでなく，途中経過として披露する場を設けている。こうした活動も，担当教師や児童の創意工夫で導入することができると同時に，小学生の発達段階を考慮して，1年間という長い期間をいくつかに分け，活動意欲を持続させる工夫をすることも教師の役目である。

　中学校・高等学校においては，たとえば，吹奏楽部および茶道部が，前者は体育館で成果を発表し，後者はいつもの練習場所（家庭科室）にて練習風景を一般公開している。

　このように，各部とも練習風景および試合を公開することによって部員を勧誘する場としている。その際は，クラブ活動と同様長い休み時間を利用するが，それぞれの部活動の活動場所がかち合わないよう連絡調整することが重要である。連絡調整の下準備は，クラブ活動の場合は教師が行っても，実際に行動する場面では児童が前面に立つようにする。部活動においては，成員がすべてとり行うようにすることが，かえって彼らの活動意欲を高める手立てとなる。

　なお，部活動勧誘のための手立てとして，次のような方法も考えられ，実践されている。

　たとえばある学校では，生徒会新聞を活用し，運動部活動の紹介をしている。記事はそれぞれの部活部員が作成し，壁新聞の形式で一般生徒の目に触れるようにしたり，一人ひとりに配布したりしている。

　最近では，インターネットのホームページを活用して部活動の紹介をし，部員を勧誘している例もある。

② 地域の力を借り，地域に返す活動

　児童生徒が新設したいと考えたクラブ活動や部活動の中には，技術の伝授が必要となり，教職員では対応しきれない場合もありうる。その時，学習の場に要請できるボランティア人材の中で特殊技術をもち，協力が可能な人材を確保しておく。その方の都合を優先しながら活動を展開し，お礼に成果を披露したり，地域の公共施設などで発表の機会を設けたりする。そうすることで，児童生徒は技術を得るばかりでなく，相手の立場を尊重したり礼儀を重んじたりするような，より良い人間関係形成のあり方なども学ぶこととなる。

　以上の活動には互恵性がある。ただし，教師は，とくにクラブ活動には公益性が求められていないことを念頭に置き，あくまでも成果主義に偏らないよう活動を進める必要がある。

　部活動は，公益性をともなうがやはり成果主義に偏らない活動の展開を考慮する意識が，担当教師に求められる。

③ 今後の部活動運営のあり方

　とくに運動部活動の意義や，最近の社会の変化や運動部活動の状況などを踏まえ，文部省の「中学生・高校生のスポーツ活動に関する調査研究協力者会議」は，1997（平成9）年12月に「運動部活動の在り方に関する調査研究報告書」をまとめ，今後の運動部活動の運営にかかわる課題について指摘している。

　とくに，近年の児童生徒数の減少に伴い，運動部活動が1校で維持できないような状況も一部に生じてきている。現在，複数校による合同の活動が行われている例があり，また，複数校の合同チームにより学校体育大会への参加を求める声も多くなっている。すでに，全国高等学校総合体育大会などの大会では，一定の種目で統廃合が予定されている学校同士による合同チーム等の参加を認めており，さらに取扱いを広げていくことについて関係者による検討が進められている。部活動外部指導員の任用にあたっては，その職務が明らかとされ，任用にあたっての体制も整備されている（「部活動指導員の制度化」2017年4月1日施行・文部科学省スポーツ庁）。

第 3 節　クラブ活動・部活動における内容の取扱い

1.　クラブ活動における内容の取扱い

　小学校学習指導要領第 6 章の第 3 の 2 の (1) には，学級活動および児童会活動とともにクラブ活動の取扱いについて示されている。これについては第 1 章第 3 節 4. (pp.14-15) に掲載されているので再度参照していただきたい。

　『解説』によれば，「指導内容の特質に応じて」とは，教師の適切な指導の下に行われる児童の自発的，自治的な活動を特質とする内容と，教師の指導を中心とした児童の自主的，実践的な活動を特質とする内容を区別して指導することを示したものであるとしている（文部科学省　2017c: 151）。

　クラブ活動の目標を見ると，クラブ活動は，主として第 4 学年以上の児童で組織される学年や学級が異なる同好の児童の集団によって行われる活動であり，このようなクラブの集団における望ましい集団活動を通して，望ましい人間関係を形成し，個性の伸長を図り，集団の一員として協力してよりよいクラブづくりに参画しようとする自主的，実践的な態度を育てることである（文部科学省　2017c: 102-103）。クラブ活動においては，クラブ活動を通して育てたい態度や能力を，新たに目標として示している。とくに，個性を伸長し，異年齢の人間関係を築き，共通の興味・関心を追求する活動を楽しむなど，児童による自発的，自治的な活動を重視している点にもその特徴が表れている。また，内容を明確にして活動の充実を図るために，新たに「クラブの計画や運営」「クラブを楽しむ活動」「クラブの成果の発表」の内容を示している。

　なお，クラブ活動を指導する際に留意すべき点であるが，担当する教職員は，クラブの集団の特質をよく理解し，より望ましい異年齢の集団の活動として展開することが求められる。また，発達の段階や経験の差を理解し，それぞれのよさに目を向けて励まし合えるようにするなど，学年や学級が異なる同好の児童が互いに協力し，信頼し支え合おうとする人間関係を築くことができるように指導するのである。また，クラブ活動は，主として第 4 学年

以上の児童による活動であるが，その指導は，全教師によって行わなければ
ならない。したがって，全教師のクラブ活動に対する共通の理解や指導姿勢
を基盤として指導を行う。

　また，「クラブを楽しむ活動」とは，児童が，教師の適切な指導の下に作
成した活動計画に基づいて，異なる学年の児童が仲良く協力し，創意工夫を
生かしながら自発的，自治的に共通の興味・関心を追求することを楽しむ活
動であることを意味している。クラブ活動の時間のほとんどが，この活動に
充てられることになるが，興味・関心をより深く追求していく喜びや計画し
たことが実現できた満足感，学級や学年が異なる仲間と協力して活動を進め
ることができた喜びなどが実感できるように指導することや，みんなで話し
合ってつくったきまりを守ったり，役割を交代して誰もが楽しむことができ
るようにしたりすることも大切である。

　クラブ活動は，各教科等の学習と関連のある場合が多い。しかし，それが
単に各教科等の延長としての活動や個人的な技能を高めることのみに終始す
る活動であるならば，クラブ活動の目標から考え，望ましいものとはいえな
い。クラブ活動は，児童の興味・関心を追求する活動であるから，それが結
果として教科の学習に寄与する場合があるとしても，それはあくまで結果と
してであって，直接的な目的とするものではないことに留意することである。

　教師が作成するクラブ活動の年間指導計画には，①学校におけるクラブ活
動の目標，②クラブの組織と構成，③活動時間の設定，④年間に予想される
主な活動，⑤活動に必要な備品，消耗品，⑥活動場所，⑦指導上の留意点，
⑧クラブを指導する教師の指導体制，⑨評価の観点などを掲載することが考
えられる。また，児童が作成する年間活動計画には，①活動の目標，②各月
などの活動内容，③準備する物，④役割分担などが考えられる。

　時数の取扱いについては，各学校が必要と思われる授業時数を設定するこ
とになるが，「児童の興味・関心を踏まえて計画し実施できるようにする。」
と示されていることや，総則第2の3(2)イに「年間，学期ごと，月ごとな
どに適切な授業時数を充てるものとする」と示されていることの趣旨を十分
に踏まえる。「適切な授業時数」とは，クラブ活動の目標が十分に達成でき

るような授業時数であり，「(1) クラブの組織づくりとクラブの計画や運営」「(2) クラブを楽しむ活動」「(3) クラブの成果の発表」の三つの内容が効果的に行える授業時数のことである。

　各学校においては，このことを踏まえ，クラブ活動を通して児童の自主的，実践的な態度を育成するために必要な適切な授業時数を充てるとともに，時間割表に明確に位置づけて児童の興味・関心が持続し継続的に活動できるようにすることが大切である。

　そのうえで，児童の自発的自治的な活動を助長する指導に当たっては，「教師の適切な指導の下」に行うものであることを十分理解し，放任に陥ったり，一方的な指導になったりすることがないように配慮する必要がある。この指導については，たとえば担当教員が所属するクラブ活動において，子ども一人ひとりが集団の一員としての役割を担い，その責任を果たせるようその場に応じた適切な指導助言をすることが大切であるといえる。

2.　部活動における内容の取扱い

　中学校学習指導要領の第 1 章総則にある第 5 学校運営上の留意事項 1 のウには，「生徒の自主的，自発的な参加により行われる部活動については，スポーツや文化，科学等に親しませ，学習意欲の向上や責任感，連帯感の涵養等，学校教育が目指す資質・能力の育成に資するものであり，学校教育の一環として，教育課程との関連が図られるよう留意すること。その際，学校や地域の実態に応じ，地域の人々の協力，社会教育施設や社会教育関係団体等の各種団体との連携などの運営上の工夫を行い，持続可能な運営体制が整えられるようにするものとする」とある。つまり，部活動はクラブ活動と異なり，教育課程外にあり，生徒は任意参加の活動であるが，その内容の取扱いはクラブ活動に準ずるところがあると考えられる。したがって，部活動は学校教育の一環として行われるものであり，実際には多くの教員が部活動に携わっていることを考慮し，「教育課程の意義及び編成の方法」や「生徒指導の理論及び方法」などの教職科目において，部活動の意義や部活動指導のあり方について必ず扱うようにする必要がある。

　とくに中学校，高等学校（中等教育学校を含む。以下同じ。）における運動部活動は，学校教育の一環として，スポーツに興味と関心をもつ同好の生徒の自主的，自発的な参加により，顧問の教員をはじめとした関係者の取組や指導の下に運動やスポーツを行うものであり，各学校で多様な活動が行われ，わが国独自の発展を遂げてきた。

　現在，中学校で約65%，高等学校（全日制及び定時制・通信制）で約42%の生徒が参加しており（平成24年度日本中学校体育連盟，全国高等学校体育連盟，日本高等学校野球連盟調べより），多くの生徒の心身にわたる成長と豊かな学校生活の実現に大きな役割を果たし，さまざまな成果をもたらしている。このような運動部活動の場において，毎年，指導者による体罰の事案が報告され，2012年12月には，顧問の教員の体罰を背景として高校生が自ら命を絶つとの痛ましい事件が発生した。学校教育における体罰は，従来より学校教育法で禁止されている決して許されない行為であり，文部科学省からは，上記の事案の発生を受け，改めて体罰禁止の徹底，懲戒と体罰の区別等についての通知が出されている（平成25年1月23日及び同年3月13日付け文部科学省初等中等教育局長，スポーツ・青少年局長通知）。

　さらに，運動部活動は，自発的・自主的活動として，生徒のバランスの取れた生活や成長に支障を来すことのないよう展開されるべきである。このため，①生徒の個性の尊重と柔軟な運営に留意するとともに，生徒の参加が強制されることのないようにすること，②学校週5日制の趣旨も踏まえて休養日を適切に設定するとともに，練習時間を適切なものとするように留意すること，③外部の指導者や諸機関を利用するなどにより，必要に応じてスポーツ医・科学に関する情報を活用すること，などが重要な課題である。

　地域スポーツとの関係については，生徒のスポーツへの多様なニーズにこたえ，生徒と地域住民との交流を深めていくという観点から，運動部活動の充実方策の一環として，地域や学校の実情に応じて連携を進めていくことが望まれる。

　部活動を推進していくうえで，保護者の存在は大きく，また保護者が部活動に寄せる期待は大きなものがある。部活動は学校教育の一環として行われ

ており，教科活動や学校行事などと同様に，保護者の理解を得ることが重要
となる。活動にかかる費用や，健康，栄養などの面からも，保護者の援助，
協力が不可欠だからである。そのために，年度当初には活動方針や指導方針
を文書により保護者説明会などで周知する。周知にあたってすべきことは，
①保護者との連絡体制の整備，②部活動にかかる運営経費の徴収方法の明確
な提示，③保護者の経済的負担に配慮し，遠征や合宿，用具にかかる費用な
どの必要性を説明のうえ，保護者の同意を得ること，④緊急時の連絡先等を
確認し，保護者と連携して適切な対応ができるようにすること等があげられ
る。一方で，保護者会費の取扱いによるトラブルが起こっていることも事実
であることから，保護者会等との適正な関係を心がけることが重要である。

　保護者会との適切な協力体制を確立するためには，①部活動において必要
となる金品などは，保護者会に諮ること，②保護者会費の徴収や執行は保護
者会等に委ねること（顧問が積極的に関わるとトラブルの原因になる可能性がある），
③部活動担当者は，保護者会費の管理や執行，会計報告の適正な管理運営に
向け，必要に応じて助言すること，などが考えられる。

　次に留意すべき点は，実施上の安全管理である。

　部活動は，生徒の心身の健全な発育・発達に意義深いものがある一方で，
活動が活発化するほど負傷事故が起きやすく，重大な事故につながる恐れも
ある。そこで，次の事項に留意して負傷事故防止の徹底に努めることが求め
られる。まず考えられるのは，安全管理・指導体制である。そのために，顧
問（複数）および部活動インストラクターによる指導・監督監視体制を作り，
生徒が常に安全に活動できるよう，安全指導体制を徹底する。次に生徒の健
康管理を徹底することである。日ごろから自分の健康管理について関心や意
識をもたせ，適度な休養と栄養の補給に留意させる。また，体調の不十分な
生徒には，その旨申し出させるようにし，適切な処置等を行う。新入生に対
してはとくに配慮する。事故防止のためには，定期点検日を設け，施設・用
具を定期的に点検する必要がある。たとえば，「部活の日」を設定し，総点
検に努めるなども有効である。施設・用具の使用方法に従って正しく使用す
るとともに，その施設・用具に内在する危険性に留意し，事故が起きないよ

う常に注意して使用するよう指導する。環境条件に応じた配慮としては，気温・湿度・輻射熱等に応じ，十分な水分の補給（夏場は塩分含）や休息時間を確保するとともに，活動中に気分が悪くなったときには必ず申し出るよう徹底し，体調の変化に留意しながら適切な指導に努める。また，急激な天候の変化（雷，大雨など）には適切かつじん速な対応をする。活動内容においては，練習内容や方法・目的を生徒に十分理解させる。とくにトレーニング機器を使用する場合は，科学的理論に基づき，正しい使用方法や効果を理解させる。

　新しい内容や難易度の高い技術を練習する場合には，個人や集団の特性に応じた練習方法や内容に留意する。そのために，段階的指導を行うことも有効である。生徒の発達段階や体力，技能などの個人差を考慮し，効果が期待できる合理的な練習計画を立案する。また，基礎体力を高めるとともに，練習量や技術レベルなどは徐々に高めるようにし，事故や負傷を防止する。

　その他には，顧問が会議等で活動場所を離れなければならないときは，必ず他の顧問等に指導・監督を依頼し，安全な活動のための留意点を生徒に指導したり，活動内容を安全に配慮したものに修正するなど，事故防止に対する適切な処置を講じる。また，緊急時の対応についても再度確認しておく。

　このように，生徒の心身の安全に留意するために，細心の注意を払いながら，日々の活動の指導に当たることが重要である。

第4節　クラブ活動・部活動における評価

　学校教育の一環として実施されるクラブ活動および部活動の評価について検討する。

1.　クラブ活動における評価

　小学校学習指導要領第1章総則第3，2（1）では，評価について，次のように示している。

　児童のよい点や進歩の状況などを積極的に評価し，学習したことの意義や価値を実感できるようにすること。また，各教科等の目標の実現に向けた学習状況を把握する観点から，単元や題材など内容や時間のまとまりを見通しながら評価の場面や方法を工夫して，学習の過程や成果を評価し，指導の改善や学習意欲の向上を図り，資質・能力の育成に生かすようにすること。

　このことは，個性の伸張を目指し，実践的な活動を特質とする特別活動においてとくに配慮すべきことであり，指導計画の作成や計画に基づく活動，活動後の反省という一連の過程の，それぞれの段階で評価する必要がある。

　特別活動の評価において最も大切なことは，児童一人ひとりのよさや可能性を積極的に認めるようにするとともに，自ら学び自ら考える力や，自らを律しつつ他者とともに協調できる豊かな人間性や社会性などの生きる力を育成するという視点から評価を進めていくということである。

　そのためには，児童が自己の活動を振り返り，新たな目標や課題をもてるような評価を進めるために，活動の過程における児童の努力や意欲などを積極的に認めたり，児童のよさを多面的・総合的に評価したりすることが大切である。その際，集団活動や自らの実践のよさを知り，自信を深め，課題を見いだし，それらを自らの実践の向上に生かすなど，児童の活動意欲を喚起する評価にするよう，児童自身の自己評価や集団の成員相互による評価などの方法について，一層工夫することが求められる。また，児童への評価に加え，評価者である担当教師の指導の改善に生かす視点に注目実施することが重要である。

　とくに，集団活動を特質とする特別活動においては，個人に対する評価のみならず，集団の発達や変容についての評価が重要である。クラブ活動においては，異年齢集団での活動であることから，この点はとくに重視すべきである。「なすことによって学ぶ」特別活動において，同好の異年齢集団によるクラブ活動で学ぶことは多い。ここでの学びを通して，児童は人間関係形成を行ううえで，年齢を超えた部分での折り合いの付け方を学んだりする。このことが，生涯を通じて必要となる生きる力の一端を担うことを，指導に

当たる教師は十分理解したうえで，評価においてもこの点に留意し配慮する必要がある。したがって，日々の活動の中で，クラブ成員とのかかわり方を工夫し，活動に生かしていくかという点での評価も重要になる。

　また，活動の過程で，クラブの成果発表を随時行う点では，学校内の児童や教職員に向けたものだけではなく，学校外の人々へ向けて発表することにより評価を受けることは有効な活動であるといえる。そのために，参加者から評価につながる意見をいただく活動は，個人および集団の振り返りにつながる重要な存在であるといえる。ただし，参加者からの評価の扱いについては，公表前に担当教師が内容を確認し，児童の活動意欲が向上するものを選択したうえで，提示する必要がある。

　担当教師や同好のクラブ成員のみならず，多くの他者から肯定的な評価を受けることは，児童の活動意欲を向上させ，自己効力感を得る重要な役割を担うものである。ただし，常に肯定的な評価のみを提示するのでは児童の活動意欲は向上しない場合もある。それは，児童自らが活動結果の課題を認知している場合である。児童の活動意欲を向上させるためには，反省点に注目し，次に繋がる発展的な改善策を適宜提示していくような工夫が必要である。

　クラブの担当教師は，これらを評価の資料として，児童に手渡す成績表への記述内容を検討し，担任に渡すこととなる。

2.　部活動における評価

　評価に関する部活動の取扱いは学習指導要領上課外活動であるため，成績表に反映するような評価の対象とはならない。しかし，昨今の部活動全員参加の傾向を見ると，部活動の評価についても，クラブ活動の評価と同様に考えていくことが求められているといえよう。したがって，地区大会に代表されるようなその部活動特有の大会に参加し，日ごろの練習成果を発揮する中で，部活成員同士でお互いの活動に対する成果を評価し合ったり，観客による応援や大会参加後の賞賛やアドバイスなどを評価の対象とすることも考えられる。なお，生徒の発達段階を考慮すれば，活動において小学校におけるクラブ活動の指導体制よりは生徒に委ねる部分が多くなるのは必然である。

その点を考慮しつつ，生徒同士がどのように自治的な活動を展開しているかについて，担当する教員が評価する必要がある。

　部活動は，参加する生徒各自のためになっているだけでなく，それを学校の教育活動に位置づけ，教員（顧問）をはじめとして学校が支援することにより，生徒や保護者の学校への信頼感をより高めるとともに，明るく充実した学校生活の展開，学校の活性化にもつながっている。

第5節　まとめ

　クラブ活動・部活動は，喜びと生きがいの場であるといえる。

　運動部におけるスポーツの実践や，文化部における日々の活動は，参加する児童生徒にとって心身をリフレッシュさせるものである。

　また，運動クラブ・部活動は，好きなスポーツに仲間とともに取り組む場であると同時に，教科の学習とは離れて各自のよさが認められる場でもある。多くの児童生徒の生活に張り合いを与え，喜びと生きがいをもたらしている。このことは，文化クラブ・部活動においてもその活動を通して行われる異年齢集団の交流の中で同様のことがいえる。人間関係形成の面でいえば，運動クラブ・部活動は生涯にわたってスポーツに親しむための基礎づくりをしていることになり，児童生徒が興味・関心のあるスポーツを自ら選んで取り組み，継続的に活動することは，そのスポーツに関する専門的な技能や知識を向上させ，生涯にわたって親しむことのできる得意なスポーツを身につける格好の機会となるとともに，スポーツの行い方や楽しみ方，他者に対する配慮，さらにはスポーツの見方など，将来スポーツを楽しんでいくうえで望まれる能力と態度の基礎を育成する。

　運動クラブ・部活動では，体力の向上と健康の増進が期待できる。発育・発達のとくにいちじるしいこの時期に，計画的・継続的にスポーツに取り組むことは，21世紀の高齢社会を生きていく生徒たちにとって，生涯にわたってたくましく生きるための体力と健康の基礎を培い，健康管理を含め将来

自ら体力と健康を保持・増進していくための能力と態度を育成するものであり，この点でも運動部活動は大きな意義を有する。

　文化クラブ・部活動においては，豊かな人間性の育成について，運動部活動と同様の効果があると期待できる。学級や学年を離れた集団の中で児童生徒が，互いに認め合い，励まし合い，心身の汗を流し，協力し合い，高め合いながら，自発的・自主的に活動を展開するものであり，児童生徒にとって，情や連帯感をはぐくみ，自己の存在や責任を見つめ，努力や忍耐，（運動クラブ・部活動においてはスポーツマンシップ），思いやり，集団生活のルール等を身につける場となっている。

　それは，成就感や達成感，時には挫折感も味わう中で，各児童生徒が，自ら学び，考え，判断し，行動し，よりよく問題を解決する能力をはぐくみ，また，自らを律しつつ他人を認め協調する心を養い，人間として成長していくものであり，まさに中央教育審議会第一次答申（平成8年）の示す「豊かな人間性」をはぐくむ機会であるといえる。

　言い換えれば，クラブ活動・部活動は，生涯にわたってたくましく生きるための心身の成長や健康の基礎を培うことと相まって，児童生徒の「生きる力」の育成に大きな意義を有しているといえる。

　明るく充実した学校生活の展開を図るために，クラブ活動・部活動は，参加する児童生徒各自のためになっているだけでなく，それを学校の教育活動に位置づけ，教師（顧問）をはじめとして学校が支援することにより，児童生徒や保護者の学校への信頼感をより高めるとともに，明るく充実した学校生活の展開，学校の活性化にもつながっている。

　つまり，クラブ活動・部活動においては，共通の目標に向かって努力する過程を通して，担当教員（顧問）と児童生徒，児童生徒同士に密接な触れ合いが見られ，授業とは異なる人間関係の深まりが認められる。担任や保護者にはできない相談が，担当教員（顧問）やチームメイトにならできるということもある。そのような中で，クラブ活動や部活動を通じて，自己の存在を確認しつつ成長を図る場を児童生徒に提供することは，学校を明るくし，活性化し，母校愛をはぐくむものであり，教員にとっても生徒理解を深めるた

めの重要な機会である。

　また，このような取組みが，他の児童生徒にも影響を与え，学校全体の一体感や愛校心を醸成するということも認められる。さらには，教科の授業や行事におけるクラブ成員や部活部員のリーダーシップの発揮が，他の生徒の取組みにさまざまな好影響を与えていることも評価できる。

　こうした効果が期待できるクラブ活動・部活動は，学校教育においてなくてはならない存在であり，今後も教育の一環として重視すべき活動であるといえる。

〔佐野　　泉〕

● **考えてみよう！**

　▶ クラブ活動と部活動の類似点と相違点をあげてみよう。
　▶ クラブ活動および部活動における指導上留意すべき点は何かについて，本文を参照し，自身の経験を踏まえながら述べてみよう。

● **引用・参考文献**

池田源宏（1990）「8章クラブ活動の編成と指導」柴田義松編著『教職課程講座第6巻　特別活動：学校の活性化をめざす特別活動』ぎょうせい

ヴォーゲル，エズラ・F. 著，広中和歌子・木本彰子訳（2004）『ジャパン・アズ・ナンバーワン』復刻版，阪急コミュニケーションズ

小川正人（2006）「教員の勤務実態と教員給与の行方上」『月刊高校教育』41巻12号

小川正人（2009）「教職調整額は廃止し時間外手当化を」『内外教育』10月3日

神奈川県教育委員会（2011）『部活動指導ハンドブック』

黒須充編（2007）『総合型地域スポーツクラブの時代～部活とクラブとの協働』創文企画

佐野泉（2014）インターネットにホームページを立ち上げている小・中・高等学校への電話インタビュー調査（2014.10～2014.12）

杉田儀作（1984）『発達的特質に即した集団活動の段階的指導』明治図書

関喜比古（2009）「問われている部活動の在り方～新学習指導要領における部活動

の位置付け〜」『立法と調査』No.294

全国教育研究所連盟（1981）『クラブ活動の教育的効果』東洋館出版社，第6節

第169回国会参議院文教科学委員会会議録第4号（2008）

第171回国会参議院文教科学委員会会議録第2号（2009）

谷合明雄（2009）「部活動運営上の留意点」『教職研修』442号，pp.102-103

東京大学出版会（2007）『教員勤務実態調査（小・中学校）報告書』

東京都教育委員会（2005）「部活動基本問題検討委員会報告書」

東京都教職員互助会（2008）『教員のメンタルヘルス対策および効果測定［調査結果報告書］』ウェルリンク

西島央（2008）「中学の部活動意義付け〜指導教師の負担軽減を」『日本経済新聞』6月16日

日本高等学校教職員組合部活動問題検討委員会（2009）『部活動指導による長時間過密勤務の改善のために』〜最終報告〜

宮川八岐編著（1999）『新小学校教育課程講座　特別活動』ぎょうせい

文部科学省（2006）「スポーツ振興基本計画」

文部科学省（2008a）『小学校学習指導要領』

文部科学省（2008b）『中学校学習指導要領』

文部科学省（2009）『高等学校学習指導要領』

文部科学省（2013）「運動部活動の在り方に関する調査研究協力者会議」『運動部活動の在り方に関する調査研究報告書〜一人一人の生徒が輝く運動部活動を目指して』

文部科学省（2017a）『小学校学習指導要領（平成29年告示)』

文部科学省（2017b）『中学校学習指導要領（平成29年告示)』

文部科学省（2017c）『小学校学習指導要領（平成29年告示) 解説　特別活動編』

文部科学省（2018）『高等学校学習指導要領（平成30年告示)』

森嶋昭伸・鹿嶋研之助（2000）『新中学校教育課程講座　特別活動』ぎょうせい

横浜市教育委員会（2010）『横浜の部活動 - 部活動の指針 - 部活動ハンドブック』

第4章

学校行事

● **本章のねらい** ●

　学校行事は，小学校の儀式的行事を除くすべてが児童生徒の参画で行われる。この点において，とくに小・中学校で行われる学校行事の取扱い方にこれまでの学習指導要領解説で求める目標と異なる部分が生じている。

　本章では，小学校，中学校，高等学校で実施される学校行事の目標や内容，指導計画の作成，内容の取扱いおよび評価について検討していく。

第1節　学校行事の目標と内容

1．学校行事の目標

　学校行事は，小学校，中学校，高等学校において，共通して次の5種類に分類されている。つまり，(1) 儀式的行事，(2) 文化的行事，(3) 健康安全・体育的行事，(4) 遠足 (小)，旅行 (中，高)・集団宿泊的行事，(5) 勤労生産・奉仕的行事であり，小・中においては学年以上，高においては全校もしくは学年またはそれらに準ずる集団という比較的大きな集団を対象として実施される活動である。その目標は，学習指導要領に次のように明記されている。

　全校又は学年の児童／生徒（高校：全校若しくは学年又はそれらに準ずる集

団）で協力し，よりよい学校生活を築くための体験的な活動を通して，集団への所属感や連帯感を深め，公共の精神を養いながら，第1の目標に掲げる資質・能力を育成することを目指す。

　つまり，この目標からは，児童生徒同士がかかわりあう活動への連帯感をより一層深めることを重視しているといえよう。学校行事は，こうしたより大きな集団を単位として，日常の学習や経験を総合的に発揮し，その発展を図る体験的な活動である。

2.　学校行事の特質および教育的意義

　学校行事においては，今回とくに注目すべき点として，児童生徒が活動に「参画」することを明記し，その過程を重視している点が挙げられる。2017・18（平成29・30）年告示の各『学習指導要領解説　特別活動編』（以下『解説』）においては，例として次のような図を載せている（**図4.1**，**4.2**）。これらの図を参照すると，活動の過程におけるPDCAサイクルを明らかにしていることがわかる。

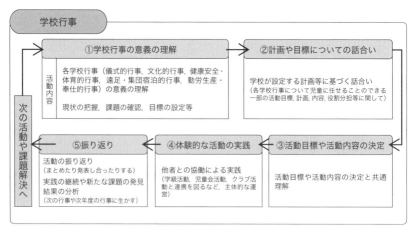

図4.1　学校行事の学習過程例（小学校）

（出所）文部科学省（2017c: 118）

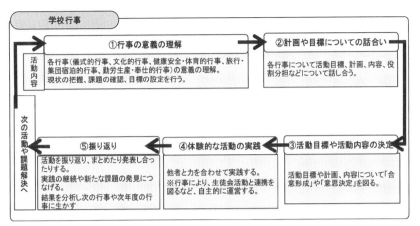

図 4.2　学校行事の学習過程例（中学校・高等学校）

（出所）文部科学省（2017d: 94），（2018b: 87）

3.　学校行事の内容

　先に述べたように，学校行事の内容は次の 5 種類に分類される。

　つまり，(1) 儀式的行事，(2) 文化的行事，(3) 健康安全・体育的行事，(4) 遠足，旅行・集団宿泊的行事，(5) 勤労生産・奉仕的行事である。

　学校行事は，学級集団に比べて大きな集団の中で児童生徒の積極的な参画による体験的な活動を行うことによって，学校生活に秩序と変化を与え，全校および学年集団への所属感や連帯感を深め，普段の学習の総合的発展を図るとともに，学校生活の充実と発展に資する体験的な活動を行うものである。児童生徒には，学校の教育的活動において多様な集団への所属や参画の体験の機会が準備されている。これは，学年集団や全校児童生徒などの集団に所属して活動する体験的な活動を通して，「集団への所属感や連帯感を深め，公共の精神を養い，協力してよりよい学校生活を築こうとする自主的，実践的な態度を育てる」こととする学校行事の目標を達成するために重要な活動として学習指導要領に明記されている。また，その際重視すべきことは，とくに中学校および高等学校においては生徒が互いに合意形成し，意思決定を図ることを目指している点である。

4. 各学校行事のねらいと内容，実施上の留意点

　以下では，学習指導要領の解説を参照しながら考察していこう（文部科学省 2017c，2017d，2018b）。

(1) 儀式的行事

① 儀式的行事のねらいと内容

　儀式的行事のねらいは，児童生徒の学校生活に，有意義な変化や折り目を付け，厳粛で清新な気分を味わわせ，新しい生活の展開への動機づけとなるようにすることである。

　儀式的行事は，一般的に全校の児童生徒および教職員が一堂に会して行う教育活動であり，その内容には次のようなものがある。

表4.1　儀式的行事例

入学式，卒業式，始業式，終業式，修了式，着任式，離任式，対面式，壮行式，立志式，創立（開校）記念式など

② 儀式的行事実施上の留意点

　学校行事は，児童生徒が全校もしくは学年（高等学校では，それらに準ずる集団）を単位として，体験的な活動を行うことになるが，とくに儀式的行事の場合は，小学校のみ児童は参加型となる。中学校および高等学校では全行事において，また小学校では儀式的行事を除く四つの行事においては，児童生徒の参画により活動を行うため，ねらいを達成するために，教師は以下の点において留意することが求められる。

〈小学校〉

（1）日常の学習成果を生かして，児童が積極的に参加できるようにするとともに，地域の実情に応じた十分な教育的な配慮のもとに計画する。

（2）儀式的行事の教育効果は，児童の参加意欲とその儀式から受ける感銘の度合いによって大きく左右される。したがって，いたずらに形式に

流れたり，厳粛な雰囲気を損なったりすることなく，各行事のねらい
を明確にし，絶えず工夫を加えることが望ましい。

(3) 入学式や卒業式など儀式的行事を行う場合には，学級活動などにおけ
る指導との関連を図って，それらの行事の意義が児童に理解できるよ
うにするとともに，その場にふさわしい参加の仕方について必要な知
識や技能が身に付くようにする。

(4) 入学式や卒業式などにおいては，国旗を掲揚し，国歌を斉唱すること
が必要である。その取扱いについては，『解説』第4章第3節「入学式
や卒業式などにおける国旗及び国家の取扱い」を参照されたい。

(5) 儀式的行事の狙いから考えて，全校児童の参加が望ましいが，施設な
どの関係でやむなく全員が参加できない場合には，少なくとも複数の
学年の児童が参加するように配慮することが望ましい。

〈中学校〉

(1) 儀式的行事は学校の教育目標との関連を図り，実施する個々の行事のね
らいを明確にし，行事を通して育成する資質・能力を系統的・発展的に
整理するなどの配慮が必要である。また，これを生徒に十分に理解させ
るとともに，できる限り生徒会と連携し，生徒にいろいろな役割を分担
させ，使命感や責任感の重要さについての自覚を深める機会とする。

(2) (小学校に同じ)

(3) 儀式の種類によっては，単に学校や地域社会の一員としての連帯感の
育成にとどまらず，国民としての自覚を高めるとともに，広く国際理
解や人類愛の精神の涵養に役立つ機会とする。

(4) (小学校に同じ)

(5) 行事参加への心構えや，行事を主体的に受け止め，自己の生活改善のき
っかけにできるよう，事前の準備の段階からの指導の工夫が必要である。

〈高等学校〉

(1) 儀式的行事は学校の教育目標との関連を図り，実施する個々の行事の
ねらいを明確にし，行事を通して育成する資質・能力を系統的・発展
的に整理すること。また，これを生徒に十分に理解させるとともに，

113

　　できる限り生徒会と連携し，生徒に多様な役割を分担させ，使命感や
　　責任感の重要さについての自覚を深める機会とすること。
(2) 儀式的行事の教育効果は，児童の参加意欲とその儀式から受ける感銘
　　の度合いによって大きく左右される。したがって，いたずらに形式に
　　流れたり，厳粛な雰囲気を損なったりすることなく，各行事のねらい
　　を明確にし，絶えずないように工夫を加えること。
(3)〜(5)は，中学校にほぼ同じ。

(2) 文化的行事

① 文化的行事のねらいと内容

　学習指導要領では，小学校から高等学校まで児童生徒は文化的行事には参
画するとされている。その内容としては，小・中・高共通して，「平素の学
習活動の成果を発表し，自己の向上の意欲を一層高めたり，文化や芸術に親
しんだりするようにすること」(下線筆者)とされている。ただし，各学校種
別に児童生徒の実態に合わせた参画の度合いを工夫することが必要である。
　文化的行事には，大別すると2種類が存在する。すなわち，ア.児童・生
徒が各教科等における日頃の学習や活動の成果を総合的に発展させ，発表し
合い，互いに鑑賞する行事と，イ.外部の文化的な作品や催し物を鑑賞する
などの行事である。具体的には次のようなものがある。

表4.2　文化的行事例

ア．文化祭 (学芸会・学校祭)，学習発表会，作品発表会 (展覧会)，音楽会 (合唱祭)，読書感想発表会，弁論大会 (高)，クラブ発表会 (小)
イ．音楽鑑賞会，映画・演劇鑑賞会，伝統文化・芸能などの鑑賞会，講演会，美術館見学会など

② 文化的行事実施上の留意点

　文化的行事は，前述したように，特別活動の目標を遂行するためにも，以

下のような事項に留意して指導支援することが求められる。

〈小学校〉

(1) 言語能力の育成の観点から，学芸会などで異年齢の児童が一堂に会して，互いに発表し合う活動を効果的に実施することが望ましい。その際，特定の児童だけが参加，発表するのではなく，何らかの形で全員が参加しているという意識を持つことができるようにする。

(2) 児童の発表意欲を尊重し，自主的，実践的な活動を十分に認め，できるだけ主体的に運営できるよう配慮する。そのためには，児童会活動やクラブ活動などの組織を必要に応じて活用し，児童が計画したり運営したりできるようにすることが望ましい。

(3) 練習や準備に過大な時間をとり，児童に過重な負担をかけることがないように，練習，準備の在り方を工夫，改善するとともに，年間指導計画を作成する際にあらかじめ適切な時間を設定しておくようにする。

(4) より質の高い芸術や文化などに触れる機会を設定して，児童の豊かな感性を養うことができるよう配慮する。その際，内容に応じて保護者の参加を得て，親子や地域住民等とともに鑑賞し，感想等を伝えあえるようにするなど運営の工夫も考えられる。また，地域を理解し，郷土への愛着を深める観点から，地域の伝統や文化に触れる機会を積極的に設定するよう配慮する。

〈中学校・高等学校〉

(1) 日頃の学習活動の成果の発表を通して，各教科（高等学校：各教科科目等）などで習得した知識や技能をさらに深めさせるとともに，発表する能力を育てたり，他者の発表等を見たり聞いたりする際の望ましい態度を養うこと。また，自己の成長を振り返り，自己を一層伸張させようとする意欲を高める自己評価の在り方を工夫すること。

(2) 様々な文化的な活動を通して個性を伸ばし，自主性，創造性を高めるとともに，目的に向かい協力してやり遂げることにより成就感や連帯感を味わい，責任感と協力の態度を養うこと。また，学年相互の交流を図りながら，学校独自の文化と伝統を継承し，特色ある学校づくり

を推進するとともに，生徒の学習活動の成果を学校の内外で発表することにより，家庭や地域の人々との交流を深め，学校への理解と協力を促進する機会とすること。

(3) 本物の文化や芸術に直接触れる体験を通して，情操を高め，豊かな教養の育成に資するとともに，生涯にわたって，文化や芸術に親しんだり，集団や社会の一員として伝統文化の継承に寄与しようとしたりする態度を育むこと。

(4) 生徒の発達の段階や実態に配慮し，生徒の希望や意見を生かし，この行事の一部については，生徒が自ら活動の計画を立て，意欲的に活動できるように援助することが大切である。

(5) 文化的行事の中には，事前の準備や事後の片づけにある程度の時間を必要とするものもあるが，生徒に過重な負担の掛かることのないように配慮するとともに，秩序ある活動を進め，調和の取れた指導計画を作成する必要がある。

(3) 健康安全・体育的行事

① 健康安全・体育的行事のねらいと内容

　学習指導要領によれば，その内容は「心身の健全な発達や健康の保持増進，事件や事故，災害等から身を守る安全な行動や規律ある集団行動の体得，運動に親しむ態度の育成，責任感や連帯感の涵養，体力の向上などに資するようにすること」とされている。

　小・中・高共通した内容が示されているが，とくに防災に関していえば，

表4.3　健康安全・体育的行事例

健康：健康診断，疾病予防，学校給食に関する食育活動
安全：防犯活動，薬物乱用防止活動，交通安全指導，避難訓練・防災訓練等
体育：運動会（体育祭），各種球技大会，競技大会等

近年日本各地で注目されていることから，教科領域を超えた横断的な取り扱いをしている学校も見られるようになってきている。

② 健康安全・体育的行事実施上の留意点

　健康安全・体育的行事の実施に当たっては，次の事項に留意することが求められる。

〈小学校〉

(1) 病気の予防など健康に関する行事については，学校や地域の実態に即して実施し，できるだけ集中的，総合的，組織的に実施するよう配慮することが大切である。学級活動 (2) における健康にかかわる指導や児童会活動，体育科の保健の学習内容などとの関連を図るようにする。

(2) 避難訓練など安全や防災に関する行事については，表面的，形式的な指導に終わることなく，具体的な場面を想定するなど適切に行うことが必要である。とくに，交通安全指導や防犯指導については，学年当初より日常の安全な登下校ができるよう継続して適切な指導を行うようにする。さらに，遠足・集団宿泊的行事における宿泊施設等からの避難の仕方や地理的条件を考慮した安全の確保などについて適宜指導しておくことも大切である。地域の環境や地形，自然災害等に応じた避難訓練や地域住民と協働して実施する防災訓練などは，とくに重視して行うようにする。

(3) 運動会などについては，実施に至るまでの指導の過程を大切にするとともに，体育科の学習内容と関連を図るなど時間の配当にも留意することが大切である。また，活発な身体活動を伴う行事の実施に当たっては，児童の健康や安全にはとくに留意し，日常の学校や家庭における健康管理，教師間の協力体制を万全にし，事故防止に努める必要がある。

(4) 運動会においては，学校の特色や伝統を生かすことも大切である。ただし，児童以外の参加種目を設ける場合は，運動会の教育的意義を損なわない範囲にとどめるよう配慮する。また，児童会活動やクラブ活動などの組織を生かした運営を考慮し，児童自身のものとして実施す

ることが大切である。その場合，児童に過度の負担を与えたり，過大な責任を負わせたりすることのないように配慮する。

(5) 各種の協議会などの実施に当たっては，いたずらに勝負にこだわることなく，また，一部の児童の活動にならないように配慮することが必要である。

〈中学校・高等学校〉

(1) 健康安全に関する行事において，たとえば，健康診断を実施する場合には，健康診断や健康な生活のもつ意義，人間の生命の尊さ，異性の尊重，健康と環境との関連などについて，学級（ホームルーム）活動，生徒会活動及び各教科，道徳などの内容との密接な関連を図り，健康・安全に関する指導の一環としてその充実を期すること。(以後，高)その際，傘下の心構えなどについて理解させ，関心を持たせるようにするとともに，事後においては，たとえば，体に疾病などが発見された生徒の措置，事故や災害から自他の安全を守ることの意義などの指導について十分配慮すること。

(2) 健康安全に関する行事については，自転車運転時（高：最近の事故の実態）交通規則などを理解させ，事故防止に対する知識や態度を体得させるとともに，自然災害や犯罪などの非常事態に際し，沈着，冷静，迅速，的確に判断して対処する能力を養い，自他の安全を確保することのできる能力を身に付けさせること。また，喫煙，飲酒，薬物乱用などの行為の有害性や違法性，防犯や情報への適切な対処や行動について理解させ，正しく判断し行動できる態度を身に付けること。

(3) 体育に関する行事においては，生徒の活動の意欲を高めるように工夫するとともに，全体として調和のとれたものとし，とくに生徒の負担の度合いなどに慎重に配慮することが大切である。また，学校全体として，健康や安全についての指導の徹底を期すること，とくに事故の発生の際に備えて，その防止，万一の場合の準備や緊急時の対策などについても，あらかじめ十分に配慮しておくことが必要である。

(4) 体育に関する行事を実施する場合には，運動に親しみつつ体力を向上

させるというねらいが十分に達せられるようにするとともに，教育的な価値を発揮するように努める必要がある。また，日頃の学習の成果を学校内外に公開し，発表することによって，学校に対する家庭や地域社会の理解と協力を促進する機会とすること。なお，この行事には，家庭や地域との結びつきの強いもの，他行や他機関との連携において実施するものなどがある。これらの機会を通して，相互の理解や連携を促進することはもとより，積極的に改善を図るなど，学校行事として，また生徒の集団活動としての教育的価値を高めるよう配慮しなければならない。

(5) 健康安全に関する行事と体育に関する行事はその趣旨から，それぞれ全ての学年において取り組むこと。

（4）遠足，旅行・集団宿泊的行事
① 遠足，旅行・集団宿泊的行事のねらいと内容

　遠足，旅行・集団宿泊的行事のねらいは，それぞれの校種において次のように考えられており，参加状況は参集・参与・参画の中の参画としている。

　小学校学習指導要領によれば，「自然の中での集団宿泊活動などの平素と異なる生活環境にあって，見聞を広め，自然や文化などに親しむとともに，よりよい人間関係を築くなどの集団生活の在り方や公衆道徳などについての体験を積むことができるようにすること」としている。また，中学校および高等学校学習指導要領では，「平素と異なる生活環境にあって，見聞を広め，自然や文化などに親しむとともに，よりよい人間関係を築くなどの集団生活の在り方や公衆道徳などについての体験を積むことができるようにすること」としている。

　ここで注目すべき点は，前期学習指導要領では小学校にのみであった「自然」という文言が，中学校および高等学校の学習指導要領にも明記されている点である。つまり，平素の生活環境においては自然に親しむことが難しい状況にあることを暗示しているといえよう。児童生徒が参画する活動の中で，教師はこの点を注視した指導支援が必要になる。

なお，遠足，旅行・集団宿泊的行事のねらいは次のとおりとなる。

○遠足，旅行・集団宿泊的行事の意義や郊外における集団生活の在り方，公衆道徳などについて理解し，必要な行動の仕方を身につけるようにすること。

○平素とは異なる生活環境の中での集団生活の在り方やよりよい人間関係の形成について考え，自然や文化などに触れる体験において活用したり応用したりすることができるようにすること。

○日常とは異なる環境や集団生活において，自然や文化などに関心をもち，積極的に取り組もうとする態度を養うこと。

具体的な活動としては次のことが考えられる。

表4.4　遠足，旅行・集団宿泊的行事例

遠足，旅行，校外学習，修学旅行，野外活動，集団宿泊活動など

② 実施上の留意点

各校種において実施上の留意点は以下の通りとなる。

〈小学校〉

(1) 計画の作成に当たっては，児童が自主的，実践的に活動できるような場を十分に考慮し，児童の意見をできるだけ取り入れた活動ができるようにする。

(2) 予め，実地踏査を行い，現地の状況や安全の確認，地理的環境や所要時間などを把握するとともに，それらに基づいて現地施設の従業員や協力者等との事前の打合わせを十分に行う。

(3) 実施に当たっては，地域社会の社会教育施設等を積極的に活用するなど工夫し，十分に自然や文化などに触れられるよう配慮する。

(4) 学級活動などにおいて，事前に，目的，日程，活動内容などについて指導を十分に行い，児童の参加意欲を高めるとともに，保護者にも必要事項について知らせておく。

(5) 必要に応じて，事前に参加する児童の健康診断や健康相談を行い，食物アレルギー等に関する個々の児童の健康状態を把握しておく。

(6) 宿泊を伴う行事を実施する場合は，通常の学校生活で行うことのできる教育活動はできるだけ除き，その環境でしか実施できない教育活動を豊富に取り入れるように工夫する。(以下，具体例については『解説』p.125を参照のこと)

(7) 学校行事として実施する長期にわたって宿泊を伴う体験的な活動においては，目的地において教科の内容にかかわる学習や探究的な活動を効果的に展開することも考えられる。その場合には，教科等や総合的な学習の時間などの学習活動を含む計画を立て，授業時数に合わせて扱うなど，柔軟な年間指導計画の作成について工夫するよう配慮するとともに，宿泊施設を活用した野外活動を盛り込むなどの工夫をする。(以下，具体例については『解説』p.126を参照のこと)

(8) 事故防止のための万全な配慮をする。とくに，安全への配慮から，活動する現地において集合や解散をすることは望ましくないことを十分に考慮すべきである。また，自然災害などの不測の事態に対しても，避難の手順などは事前に確認し，自校との連絡体制を整えるなど積雪な対応ができるようにする。

〈中学校・高等学校〉

(1) 生徒の自主的な活動の場や機会を十分に考慮し，生徒の役割分担，生徒相互の協力，きまり・約束の遵守，人間関係を深める活動などの充実を図ること。また，文化的行事や健康安全・体育的行事，勤労生産・奉仕的行事との関連などを重視して，単なる物見遊山に終わることのない有意義な旅行・集団宿泊的行事を計画・実施するよう十分に留意すること。また，生徒の入学から卒業までの間に宿泊を伴う行事を実施すること。

(2) 指導計画の作成とその実施に当たっては，行事の目的やねらいを明確にした上で，その内容に応じて各教科，道徳科，総合的な学習の時間，学級活動（ホームルーム活動）などとの関連を工夫すること。また，事前

の学習や，事後のまとめや発表などとの関連を工夫し，体験したことがより深まるような活動を工夫すること。

(3) 学級活動（ホームルーム活動）などにおいて，事前に，目的，日程，活動内容などについて指導を十分に行い，生徒の参加意欲を高めるとともに，保護者にも必要事項について知らせておく。

(4) 実施に当たっては，地域社会の社会教育施設等を積極的に活用するなど工夫し，十分に自然や文化などに触れられるよう配慮する。

(5) 生徒の心身の発達の段階，安全，環境，交通事情，経済的な負担，天候，不測の事故，事故の発生時における対応策などに十分配慮し，学校や生徒の実態を踏まえた活動となるように工夫すること。とくに，教師の適切な管理の下での生徒の活動が助長されるように事故防止のための万全な配慮をする。また，自然災害などの不測の事態に対しても，自校との連絡体制を整えるなど適切な対応ができるようにすること。

　なお，計画の実施に関しては「小学校，中学校，高等学校等の遠足・修学旅行について」（昭和43年10月2日付け，文初中第450号文部省初等中等教育局長通達），「修学旅行における安全確保の徹底について」（昭和63年3月31日付け，文初高代139号文部事務次官通達）などを参照することが望ましい。

(5) 勤労生産・奉仕的行事

① 勤労生産・奉仕的行事のねらいと内容

　小学校から高等学校における勤労生産・奉仕的行事のねらいは，次のとおりである。

　小学校学習指導要領によれば，「勤労の尊さや生産の喜びを体得するとともに，ボランティア活動などの社会奉仕の精神を養う体験が得られるようにすること」であり，『解説』では，「学校内外の生活の中で，勤労生産やボランティア精神を養う体験的な活動を経験することによって，勤労の価値や必要性を体得できるようにするとともに，自らを豊かにし，進んで他に奉仕しようとする態度を養う」ことであるとしている。また，中学校および高等学

校学習指導要領によれば，「勤労の尊さや創造することの喜びを体得し，職場体験活動（中）／職業体験活動（高）などの勤労観・職業観に関わる啓発的な（中）／の形成や進路の選択決定などに資する（高）体験が得られるようにするとともに，共に助け合って生きることの喜びを体得し，ボランティア活動などの社会奉仕の精神を養う体験が得られるようにすること」としている。

　近年，未曽有の大型台風が日本列島を襲い，また，各地で大きな地震が起こっている。その際に，最近では，たとえば東北豪雨に際しては中学生が，また老若男女がSNSを活用してボランティア活動への参加要請をするなど，自分のできる範囲で救済活動を行ったことは周知の事実である。こうしたことを自ら進んで行うことが本来のボランティア活動であり，学校生活において行う「勤労生産・奉仕的行事」は，同時期もしくは将来的にボランティア活動を行おうとする精神の素地を築くものとして取り上げる必要がある。

　具体的な活動としては，次のことが考えられる。

表4.5　勤労生産・奉仕的行事例

> 飼育栽培活動，各種の生産活動，美化活動（校内・全校），清掃活動（地域社会・公共施設等），訪問・見学（上級学校・職場），体験活動（保育・職場，介護，インターンシップ等），交流活動（福祉施設，介護施設等）

　とくに勤労生産活動においては，各自の将来望む職業とは一致しない場合でも，その活動体験を通して何を学ぶかを明らかにするよう指導支援していくことが重要である。

　これまでの活動実績から，こうした活動は1週間程度実施することが望ましいとされている。

② 実施上の留意点

　勤労生産・奉仕活動に当たっては，次の事項に留意することが求められている。

（1）学校や地域社会に奉仕し，公共のために役立つことや働くことの意義

を理解するなど，あらかじめ，児童生徒が十分にその行事の教育的意義を理解し，社会参画への意欲を高めて，進んで活動できるように指導すること。

(2) 飼育や栽培の活動で収穫したものの扱いについては，勤労の成果としての生産の喜び，活動自体への喜びや充実感を味わえるように配慮すること。

(3) ボランティア活動については，自発的・非営利性・公益性の特性に基づき，できる限り児童生徒の発意・発想を生かした貢献活動を行い，児童生徒が主体的に参画するように配慮する。また，活動の成果を児童生徒相互に認め合い，自己有用感を得られるような体験活動を充実させるものとすること。

(4) 勤労体験や学校外におけるボランティア活動などの実施に当たっては，児童生徒の発達の段階を考慮して計画し，保護者の参加や地域の関係団体と連携するなど工夫して実施することが望まれる。その際，児童生徒の安全に対する配慮を十分に行うようにすること。

(5) 一般的に行われている大掃除は，健康安全・体育的行事として取り上げられる場合もあるが，特に勤労面を重視して行う場合は，勤労生産・奉仕的行事として取り上げることも考えられること。

(6) 「勤労生産・奉仕的行事」については，総合的な学習の時間（高等学校：総合的な探究の時間）で，ボランティア活動や栽培活動を行うことによって代替えすることが考えられる。その際，「勤労生産・奉仕的活動」が，「勤労の尊さ」と「生産の喜び」の両方を体得する活動であることから，例えば，総合的な学習の時間における学習活動により生産の喜びを体得できない場合には，学校行事において「生産の喜び」を体側する活動を別に行う必要があること。

　学校段階ごとに計画実施される学校外におけるボランティア活動に当たっては，児童生徒の心身の発達の段階や興味・関心，適性などを考慮することが重要である。その際，実施中および事前事後の指導を通して，社会で求め

られる礼儀やマナーについては，児童生徒が参画することで内容を理解し納得して活動できるようにするとともに，教師は，万が一にも事故のないように安全管理を徹底し，複数で関わる場合はとくに共通理解をしたうえで実施することが求められる。

第2節　学校行事の指導計画

1．学校行事の年間指導計画の作成

　学校行事の年間指導計画の作成については，学習指導要領に次の通り示されている。

小学校・中学校：各学校においては特別活動の全体計画や各活動及び学校行事の年間指導計画を作成すること。その際，学校の創意工夫を生かし，学級や学校，地域の実態，児童（生徒）の発達の段階などを考慮するとともに，（第2に示す）内容相互及び各教科，道徳科，外国語活動〔中学にはなし〕，総合的な学習の時間などの指導との関連を図り，児童（生徒）による自主的，実践的な活動が助長されるようにすること。また，家庭や地域の人々との連携，社会教育施設等の活用などを工夫すること。

　　　　　　　　　　　　　　　　　　　（文部科学省 2017a: 188, 2017b: 166）

高等学校：各学校においては，次の事項を踏まえて特別活動の全体計画や各活動及び学校行事の年間指導計画を作成すること。ア　学校の創意工夫を生かし，ホームルームや学校，地域の実態，生徒の発達の段階などを考慮すること。イ　第2に示す内容相互及び各教科・科目，総合的な探究の時間などの指導との関連を図り，生徒による自主的，実践的な活動が助長されるようにすること。特に社会において自立的に生きることができるようにするため，社会の一員としての自己の生き方を探求するなど，人間としての在り方生き方の指導が行われるようにすること。ウ　家庭や地域の人々との連携，社会教育施設等の活用などを工夫すること。その際，ボランティア活動などの社会奉仕の精神を養う体験的な活動や就業体験活動などの勤労に関わる体験的な活動の機会をできるだけ取り入れること。

　　　　　　　　　　　　　　　　　　　　　　　　（文部科学省 2018a: 649）

---

2. 指導計画作成の配慮事項

　学校行事の年間指導計画作成に当たっては，学校の全教職員が行事の目標や指導の重点などを共通理解していることが前提となり，全教職員が関わって入学から卒業までを見通した適切な年間指導計画を作成し，学校全体の協力的な指導体制を確立したうえで，組織的に指導に当たる必要がある。現状では学校全体でかかわるという意識が薄い現場もあるかもしれないが，本来はすべての教職員と児童生徒の参画が必要となる。

　学校全体が共通理解し，配慮する事項として『解説』には以下があげられている。

　①学校の創意工夫を活かし，学級や学校，地域の実態，児童生徒の発達の
　　段階などを考慮すること。

　②児童生徒による自主的，実践的な活動が助長されるようにすること。

　③内容相互および各教科，道徳科，外国語活動（中学校・高等学校：各教科
　　に含まれる），総合的な学習の時間（高等学校：総合的な探究の時間）など
　　の指導との関連を図ること。

　④家庭や地域の人々との連携，社会教育施設等の活用などを工夫すること。

　なお，中学校・高等学校では，「特別活動の各活動及び学校行事を見通して，その中で育む資質・能力の育成に向けて，生徒の主体的・対話的で深い学びの実現を図るようにすること。その際，よりよい人間関係の形成，よりよい集団生活の構築や社会への参画及び自己実現に資するよう，生徒が集団や社会の形成者としての見方・考え方を働かせ，様々な集団活動に自主的，実践的に取り組む中で，互いの良さや個性，多様な考えを認め合い，等しく合意形成に関わり役割を担うようにすることを重視すること」としている（文部科学省 2017b: 166, 2018a: 649）。つまり，とくに中学校・高等学校においては，学校行事に携わる生徒の参画を強調しているものといえよう。

　このように，年間指導計画は，とくに中学校・高等学校においては生徒の参画による活動として認められていることから，著者は「年間活動計画」としてはどうかと考える。計画・立案から改善までのすべてにおいて生徒が参画し，主体的で深い学びとなるようにする必要がある。

　小学校学習指導要領の『解説』には，学校行事は，全校または学年（高等学校：またはそれに準ずる比較的大きな集団）の全児童生徒が集団として活動するため，年間指導計画は，とくに慎重な検討を経て立案する必要があり，とくに小学校の年間指導計画には，次のような内容を示すことが考えられるとされている。

○各行事のねらいと育成を目指す資質・能力

○五つの種類ごとの各行事を実施する時期と内容及び授業時数

○学級活動や児童会活動，クラブ活動，各教科等との関連

○評価の観点　など

　学校行事は，計画立案された活動が実践されると，その振り返りを行った時点で終了とされ，次への継続がなされないという実態を耳にすることが多い。その点を払拭していくことが求められていることはいうまでもないことである。

　また，小学校学習指導要領の『解説』には，「学校行事を実施するにあたっては，毎年検討を加え，改善を図るようにし，特に教育的価値に富む学校行事については，より積極的に取り上げていくようにすることが望ましい」

● COLUMN ●

▶ 「主体的・対話的で深い学びの実現」中学校の部

　神奈川県下公立中学校では，昨年度より生徒が参画する体育的行事を行っている。

☆生徒の活動：計画・立案，話合い，役割分担，振り返り，改善，翌年の計画・立案の全て

☆教職員の活動：生徒の側面援助

☆保護者や地域の方々：当日の参加とアンケート調査への協力

　教職員，保護者，地域の方々が生徒の活動を温かく見守り，支援している姿を肌で感じつつも，生徒一人一人が自分の役割に責任をもって活動している姿は圧巻である。とくに，普段は人の影にいて自分を発揮しようとしない生徒が，この時は自分の役割を果たすために堂々と仕事をしている姿には心を奪われた。「必要感」をもった活動は，生徒を大きく成長させる。

とし，「学校行事は，その学校の伝統を築く基になる教育活動であるので，急に大きく変更することが難しいものもある。しかし，惰性的に実施される学校行事や，児童の実態から遊離し形式的なものとなって教育効果を十分に発揮していない行事なども少なからず見られる」という（文部科学省 2017c: 131）。前述したように，学校行事は主体的・対話的で深い学びとなるようにすることが必要である。そのことを十分に留意し，児童生徒の実態や学校の事情などの諸条件が変化するにつれて，絶えず修正され，現実の事態に即応するように見直し，改められる必要がある。このことからも，毎年の見直しや改善は欠かせないものであるといえよう。

3. 授業時数

　学校行事の授業時数等の取扱いについては，学習指導要領第1章総則において次のように示されている。

> 小学校：特別活動の授業のうち，児童会活動，クラブ活動及び学校行事については，それらの内容に応じ，年間，学期ごと，月ごとなどに適切な授業時数を充てるものとする。
> 中学校：特別活動の授業のうち，生徒会活動及び学校行事については，それらの内容に応じ，年間，学期ごと，月ごとなどに適切な授業時数を充てるものとする。
> 高等学校：生徒会活動及び学校行事については，学校の実態に応じて，それぞれ適切な授業時数を充てるものとする。

　学校行事の時数は，各学校が教育的な見地から適切に定めることになる。これは，学校行事の特質から見て，各行事に充てる年間の授業時数を一律に示すことは困難であり，各学校や地域社会の実態に即して重点化され，各行事間の関連や統合を図って精選された適切な年間指導計画を作成して実施することが望ましいと考えられるからに他ならない。

　とくに高等学校においては，学校行事を総合的な探究の時間に組み込むことも視野に入れている。学校行事は，各学校においてそれまでの慣習に従い

実施するのではなく，児童生徒参画の下，毎年見直しをし，改善をしたうえ
で，精選していくことが求められる。

第3節　学校行事の内容の取扱い

1.　学校行事の内容の取扱いに関する留意事項

　学校段階で学習指導要領に示された，学校行事における内容の取扱いについ
てまとめたものを以下に示す。

> 児童（生徒）や学校，地域の実態に応じて，2に示す（小・中）／内容に示す
> （高）行事の種類ごとに，行事及びその内容を重点化するとともに，各行事の
> 趣旨を生かした上で，行事間の関連や統合を図るなど精選して実施すること。
> また，実施に当たっては，自然体験や社会体験などの体験活動を充実するとと
> もに，体験活動を通して気付いたことなどを振り返り，まとめたり，発表し合
> ったりするなどの事後の活動を充実すること。

　ただし，高等学校においては，小・中学校の成果を踏まえつつ，自己のキ
ャリア形成の方向性と関連付けながら，生涯にわたって探究する能力を育む
ための総仕上げとして位置付けるようになっている。そのため，「総合的な
探究の時間」の中に特別活動学校行事も含まれるような傾向にあり，主体的
に探究することを支援する教材の導入も検討するとなっている（中央教育審
議会 2017）。
　こうした留意事項を踏まえつつ，学校行事の内容の取扱いについては，次
のような事項に留意することが求められる。
①行事の種類ごとに，行事及びその内容を重点化するとともに，行事間の関
　連や統合を図る。
②体験活動を通して気づいたことなどを振り返り，まとめたり，発表し合っ
　たりする活動を充実する。

2. 異年齢集団による交流や幼児，高齢者，障害のある人々などとの触れ合いを充実する

　学校行事においては，「異年齢集団による交流」を充実することが求められるが，なかでも「幼児，高齢者，障害のある人々などとの触れ合いを充実する」ことが求められると学習指導要領に明記されていることは，最近の社会情勢を踏まえた注目すべき点であるといえよう。

　学習指導要領においては，各校種とも，次のように示されている（小：学習指導要領第6章第3の2の(4)，中・高：第5章第3の2の(4)）。

異年齢集団による交流を重視するとともに，幼児，高齢者，障害のある人々などとの交流や対話，障害のある幼児児童生徒との交流及び共同学習の機会を通して，協働することや，他者の役に立ったり社会に貢献したりすることの喜びを得られる活動を充実すること。

---

3. その他，指導上の留意事項

　学校行事の指導に当たっては，次の事項についても留意する必要がある（文部科学省 2018b: 135，2018c: 103）。

〈小学校〉

(1) 小学校6年間や各学年の1年間を見通した計画を立てることとし，特定の時期に行事が集中することがないように配慮する。また，活動の内容については，多過ぎたり高度なものを求めすぎたりして，児童の負担が過重にならないように，児童の発達の段階や行事の内容などについては十分留意する。

(2) 学校行事は，平素の学習活動の成果を総合的に発展させる実践の場であるので，計画の作成や実施に当たっては，それらとの関連を十分に考慮する必要がある。なお，総合的な活動であるだけに，ねらいが不明確になりやすいため，個々の学校行事のねらいを明確に設定して実施することが必要である。その際，児童一人一人が行事のねらいを明確につかみ，積極的に活動できるようにするため，事前・事後の指導

についても十分に留意する。

(3) 学校行事には，全校または学年という大きな集団が一つのまとまりとして組織的に行動するところに教育的価値があり，その計画や指導に当たっては，体育科における集団行動の指導との関連を十分に図る必要がある。

〈中学校・高等学校〉

(1) 実施する行事のねらいを明確にし，その意義を理解させ，綿密な計画の下に，積極的，実践的な活動を育成すること。

(2) 学校行事においては，教師間の十分な連携協力に基づく指導体制の下に，生徒の健康や安全を考慮し，とくに負担過重にならないようにすること。

(3) 教師の指導の下に，生徒の創意をできるだけ生かすとともに，秩序やルールを守り，品位のある活動によって校風が高められるようにすること。

(4) 生徒一人一人が集団の中での人間的な触れ合いを深め，個性を発揮して積極的に活動できるよう，活動の場や機械を豊富にすること。その際，個々の生徒の特性等を配慮した役割分担にも留意すること。

(5) 学校行事の計画，準備，実施，その評価などの各過程において，生徒会活動などとの関連を図りつつ，生徒にとって可能な範囲で自主的な活動を行わせ，個々の生徒に積極的な活動を促し，自主的な協力や自律的な態度を養うこと。

(6) 個々の行事の特質に応じれ家庭や地域社会との連携を深めながら，学校の特色や創意を生かした行事を工夫すること。

　以上を鑑みると，各行事への生徒の参画を重視する必要があることがわかる。

第4節　学校行事の評価

1. 評価についての考え方——学校教育の一環として実施される学校行事の評価について検討する

　たとえば，学校行事の場合，学級・ホームルーム担任がすべての児童生徒の活動状況を直接見取ることは困難であることから，指導に当たるすべての教師が協力して意図的，計画的，組織的に評価が実施できるよう計画を作成することが重要である。評価計画には，評価の目的や重点，評価の観点，評価規準，評価する場や機会，評価方法，資料などを明確に示しておき，適切な評価が行われるようにしておく必要がある。配慮事項としては，言語活動の充実を図る観点から，児童生徒の作成した成果物などを評価に生かすことも大切である。またそれは学期末に配布される通知書や学年末に記録される指導要録への記述だけではなく，活動の過程となる日々の活動の中でも目立った活動に対しては個々に共感的に評価していくことが求められる。

　こうした活動は，児童生徒と教師との間で行われるものだけではなく，活動の振り返りなどに他者の活動について記述するなどの児童生徒同士が行う共感的な評価も対象とすることが望ましい。

2. 評価の対象

　対象は，主に児童生徒に主眼が置かれがちであるが，教師自身の指導に生かす評価や指導と評価の一体化という観点から，学校行事の評価は，次のことを対象とする必要がある。

(1) 指導計画の評価

　教師自身が行う自己における活動の評価として考えられることは，まず，児童生徒の発達段階に応じた計画を立てたといえるか，その過程において，適切な指導助言ができたか，学校行事を遂行するための目標の達成度はどうであったか等を振り返るための評価を行い，より効果的な指導を行うために

学校行事全体の指導計画と行事ごとの指導計画が有効かつ適切であったかを評価し，その改善を図ることが重要であるといえる。

　指導計画作成に当たっての評価の観点としては，次のことが考えられる。

①学校行事全体および各学校行事におけるねらい達成のために作成されている全体計画や年間指導計画に即して実施されているか。

②学校や学年の実態，および児童生徒の発達段階が考慮されているか。

③作成実施された活動に児童生徒が参画し，児童生徒の自主的・実践的な活動となっているか。

④特別活動内におけるほかの活動や，各教科，特別の教科道徳および総合的な学習の時間などとの関連が図られているか。

⑤家庭や地域の人々との連携，社会教育施設などの利用や活用が積極的に図られているか。

(2) 学校行事の指導方法についての評価

　学校行事の教育的意義や特質に照らして，目標を達成するうえで学校行事全体と個々の学校行事において，実際に行われた指導方法が有効かつ適切だったかを評価し，その改善を図る。指導方法については，児童生徒の集団および個人について，具体的な活動の過程における状況を把握したうえで，実践の場面に即して教師の指導の内容と方法を評価する。その際，児童生徒が参画し，自主的・実践的な活動が行われていたかが重要になる。

(3) 集団の変容についての評価

　集団活動を通して，より良い人間関係を築くことを目標とする特別活動においては，児童生徒が合意形成し自己決定していく中でなされる集団の発達や変容を適切に評価し，指導計画や指導方法の改善に結び付けることが重要である。

(4) 個人の変容についての評価

　児童生徒一人一人の個人的資質や社会的資質，自主的・実践的な態度，人

間としての生き方についての自覚や，自己を生かす能力などについての成長を評価し，一人一人の自己実現を図る。個人の発達や変容については，まず活動の過程を共感的に認め，児童生徒の良さを多面的，総合的に評価し，児童生徒の活動意欲を喚起する。活動の結果は，その成果として捉えるようにする。

　そのためには，教師間の協働体制を整備し，充実させる必要がある。また，児童生徒自身による自己評価や，児童生徒間の相互評価等を積極的に活用し，評価方法を創意工夫することが大事である。

3.　評価の方法

　学校行事では，その評価方法として次の三点が考えられ，実施されている。ただし，担任教師が一人で実施することは難しい場面が多数散見されるため，前述したように，全教職員が共通理解し参画できるようなシステムを備えていることが求められる。

　①観察法（意図的観察，日常的観察）

　②質問法（質問紙法，面接質問法）

　③活動記録，日誌，感想文，指導記録など

　以上を，児童生徒の実態に合わせて適切に活用していくことが望ましい。

　なお，各学期に児童生徒および保護者を対象として配布される通知表や，年度末に行われる指導要録への記入については，「特別活動の記録」の欄に，各学校が定めた特別活動全体にかかる評価の観点を記入したうえで，学校行事の欄に評価の観点に照らして十分満足できる活動の状況にあると判断された場合に○印を記入する。

〔佐野　　泉〕

〔付記〕

　相模原市立相武台中学校の生徒の皆さん，学校長小泉勉先生および諸先生方，コラム「主体的・対話的で深い学びの実現」中学校の部活の実践をご提供頂きまして心より感謝申し上げます。ありがとうございました。

● **考えてみよう！** ────────────────────────────

▶ あなたが小・中・高において行ってきた学校行事を具体的に思い出してみ
よう。

▶ 思い出すことの出来た行事の印象には，どのようなものがあったかを考え
てみよう。

▶ あなたが体験し思い出すことができた学校行事を，中心になって執り行っ
ていたのは誰だったかを振り返り，児童生徒が行事に「参画する」ためには，
どのような活動が必要不可欠になるかについて，自身の考えをまとめてみ
よう。

──

● **引用・参考文献**

今野喜清・新井郁男・児島邦宏編（2014）『学校教育辞典　第 3 版』教育出版

中央教育審議会（2017）「幼稚園，小学校，中学校，高等学校及び特別支援学校の
学習指導要領等の改善及び必要な方策等について（答申）」（平成 29 年 12 月 21
日）文部科学省

緑川哲夫・桑原憲一（2016）「学校行事」『教師のための教育学シリーズ 9　特別活
動—理論と方法』学文社

文部科学省（2010）『生徒指導提要』

文部科学省（2017a）『小学校学習指導要領（平成 29 年告示）』

文部科学省（2017b）『中学校学習指導要領（平成 29 年告示）』

文部科学省（2017c）『小学校学習指導要領解説（平成 29 年告示）　特別活動編』

文部科学省（2017d）『中学校学習指導要領解説（平成 29 年告示）　特別活動編』

文部科学省（2018a）『高等学校学習指導要領（平成 30 年告示）』

文部科学省（2018b）『高等学校学習指導要領（平成 30 年告示）解説　特別活動編』

渡部邦雄・緑川哲夫・桑原健一編（2014）『実践的な指導力をはぐくむ特別活動指導
法第 2 版』日本文教出版

第5章

総合的な学習（探究）の時間の原理と年間指導計画

---●　**本章のねらい**　●---

　本章では，次の三つのねらいを達成することを目指す。①総合的な学習（探究）の時間の原理を理解する。（知識的側面のねらい），②総合的な学習（探究）の時間年間指導計画が作成できる（スキル的側面のねらい），③ 総合的な学習（探究）の時間の価値を自覚し（態度・価値的側面のねらい），そのために総合的な学習（探究）の時間について主体的に学習する。

第1節　総合的な学習（探究）の時間とその指導法

1．総合的な学習（探究）の時間の目標と内容

　総合的な学習の時間は小学校と中学校で実施される学習である。高等学校では総合的な探究の時間という名称で実施される（以下，総合的な学習（探究）の時間と記す）。

　その目標は学習指導要領では，小学校，中学校，高等学校で次のように示されている。

小学校および中学校　目標

> 　探究的な見方・考え方を働かせ，横断的・総合的な学習を行うことを通して，よりよく課題を解決し，自己の生き方を考えていくための資質・能力を次のとおり育成することを目指す。
> (1) 探究的な学習の過程において，課題の解決に必要な知識及び技能を身に付け，課題に関わる概念を形成し，探究的な学習のよさを理解するようにする。
> (2) 実社会や実生活の中から問いを見いだし，自分で課題を立て，情報を集め，整理・分析して，まとめ・表現することができるようにする。
> (3) 探究的な学習に主体的・協働的に取り組むとともに，互いのよさを生かしながら，積極的に社会に参画しようとする態度を養う。

高等学校　目標

> 　探究の見方・考え方を働かせ，横断的・総合的な学習を行うことを通して，【自己の在り方生き方を考えながら，よりよく課題を発見し解決していく】ための資質・能力を次のとおり育成することを目指す。
> (1) 探究の過程において，課題の発見と解決に必要な知識及び技能を身に付け，課題に関わる概念を形成し，探究の意義や価値を理解するようにする。
> (2) 実社会や実生活と【自己との関わり】から問いを見いだし，自分で課題を立て，情報を集め，整理・分析して，まとめ・表現することができるようにする。
> (3) 【探究】に主体的・協働的に取り組むとともに，互いのよさを生かしながら，【新たな価値を創造し，】よりよい社会を実現しようとする態度を養う。

※小学校及び中学校と異なる主な部分について執筆者が【　】をつけた。特徴的な部分は筆者が下線をつけた。

　小学校，中学校，高等学校の総合的な学習（探究）の時間の共通点と相違点について確認していこう。

　まずは共通点について，総合的な学習（探究）の時間の目標は，①探究的な，あるいは探究の「見方・考え方」を働かせること，②総合的・横断的な学習を行うこと，③よりよく課題を解決して自己の生き方を考えていくことの三つが目指されている。そのための資質・能力を三つの柱から育成することを

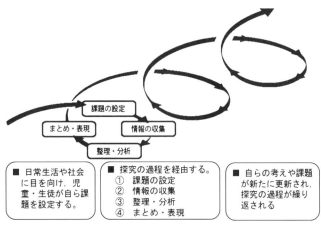

図5.1　総合的な学習（探究）の時間における児童生徒の学習の姿

（出所）文部科学省（2017:9）

目指すものであることが明確化された。

　これらは，大きくは二つの要素に分けられる。それは，総合的な学習（探究）の時間の特質を踏まえた学習過程のあり方についての要素と総合的な学習（探究）の時間を通して育成することを目指す資質・能力の要素である。総合的な学習（探究）の時間における児童生徒の学習の姿としては，2008（平成20）年の学習指導要領以来，**図5.1**で説明がなされている。

　この図からは，課題の設定→情報の収集→整理・分析→まとめ・表現のサイクルを繰り返し，物事の本質を探って見極めようとする一連の知の営みである。

　総合的・横断的な学習については，①国際理解，情報，環境，福祉・健康などの現代的な課題，②地域や学校の特色に応じた課題，③児童生徒の興味・関心に基づく課題などが行われる。

　もう一つの要素である目指す資質・能力については，総則に示された全教育課程で目指される「知識及び技能」，「思考力，判断力，表現力等」，「学びに向かう力，人間性等」の柱と対応している。

　(1) は育成を目指す三つの柱のうち主に「知識及び技能」，(2) は「思考力，

判断力，表現力等」，(3) は「学びに向かう力，人間性等」に対応する。目標
としては資質・能力が三つに区分されているが，総合的な学習（探究）の時
間での探究的な学習では，課題解決の過程で，三つの柱が，相互に関わり合
いながらそれぞれの資質・能力が高められていくものである。

　次に相違点については，目標の違いについて着目すると次のことがわかる。
小学校および中学校の場合，「課題解決→自己の生き方」としているが，学
習の過程についての要素では，高等学校では【自己の在り方生き方を考えな
がら，よりよく課題を発見し解決していく】としている。高等学校の場合，
自己の生き方と課題解決の順番が逆になっていることと，自己の生き方に「自
己の在り方」が加わり課題解決に課題の発見も加わっていることが特徴であ
る。

　育成を目指す資質・能力の要素では，高等学校で，実社会や実生活と【自
己との関わり】から問いを見いださせる部分が特徴である。高等学校の生徒
に，とくに【自己との関わり】で実社会や実生活を意識させたいという意図
が読み取れる。

　各学校で総合的な学習（探究）の時間を実施する際には，学習指導要領に
示されたこれらの目標を踏まえて各学校で目標設定を行う仕組みとなってい
る。授業時数は小学校第3学年から第6学年まで年間70時間（1単位時間は
45分），中学校第1学年は年間50時間，第2,3学年は年間70時間（1単位時
間は50分），高等学校は3-6単位（2単位まで減可）である。なお，高等学校の
1単位時間を50分とし，35単位時間の授業を1単位として計算する。

2.　教職課程で学ぶ「総合的な学習の時間の指導法」の全体目標と構成

　小学校，中学校，高等学校で実施されている総合的な学習（探究）の時間
を教員が適切に指導することができるようにするために，教員養成機関では
「総合的な学習の時間の指導法」という授業が行われる。この科目は，単独
2単位，単独1単位，他の科目と合わせて2単位とするなど，各大学の判断
で科目化されている。内容については，文部科学省が教職課程コアカリキュ
ラムの中で概要を設定している（次頁参照）。そして，それぞれの一般目標に

図5.2　教職課程コアカリキュラムにおける総合的な学習の時間の指導法

（出所）教職課程コアカリキュラムの在り方に関する検討会（2017：53）

対して到達目標を設定している。そのため，「全体目標→一般目標→到達目標」といった構造化された内容となっている。

　なお，教職課程コアカリキュラム作成に当たってのカリキュラムマップによると，次のように総合的な学習の時間の指導法が位置づけられていた。イメージでは，進路指導の理論及び方法，教育相談の理論及び方法と並ぶ場所に位置している。1年次から卒業までに知識を積み上げるイメージの中では，教育の基礎的理解に関する科目の次段階で，教育実践に関する科目の前段階に位置している。

3. 教職課程コアカリキュラムとは

　これらの総合的な学習（探究）の時間を指導する教員を養成するためには，教職課程コアカリキュラムに基づく指導が必要となる。教職課程コアカリキュラムとは2017年に公表された「大学が教職課程を編成するに当たり参考

とする指針」のことである。そして，教職課程コアカリキュラムの目的は，教員養成の全国的な水準の確保のために，教職課程で共通的に身につけるべき最低限の学修内容を示したものである。この中で，総合的な学習（探究）の時間については，一般目標数3，到達目標数6で，次のように教職課程コアカリキュラムに示されている。

総合的な学習の時間の指導法

全体目標：

　総合的な学習の時間は，探究的な見方・考え方を働かせ，横断的・総合的な学習を行うことを通して，よりよく課題を解決し，自己の生き方を考えていくための資質・能力の育成を目指す。

　各教科等で育まれる見方・考え方を総合的に活用して，広範な事象を多様な角度から俯瞰して捉え，実社会・実生活の課題を探究する学びを実現するために，指導計画の作成および具体的な指導の仕方，並びに学習活動の評価に関する知識・技能を身に付ける。

(1) 総合的な学習の時間の意義と原理

一般目標：総合的な学習の時間の意義や，各学校において目標及び内容を定める際の考え方を理解する。

到達目標：

1) 総合的な学習の時間の意義と教育課程において果たす役割について，教科を越えて必要となる資質・能力の育成の視点から理解している。

2) 学習指導要領における総合的な学習の時間の目標並びに各学校において目標及び内容を定める際の考え方や留意点を理解している。

(2) 総合的な学習の時間の指導計画の作成

一般目標：総合的な学習の時間の指導計画作成の考え方を理解し，その実現のために必要な基礎的な能力を身に付ける。

到達目標：

1) 各教科等との関連性を図りながら総合的な学習の時間の年間指導計画を作成することの重要性と，その具体的な事例を理解している。

2) 主体的・対話的で深い学びを実現するような，総合的な学習の時間の単元計画を作成することの重要性とその具体的な事例を理解している。

（3）総合的な学習の時間の指導と評価
一般目標：総合的な学習の時間の指導と評価の考え方および実践上の留意点を
　　　　　理解する。
到達目標：
1）探究的な学習の過程及びそれを実現するための具体的な手立てを理解して
　　いる。
2）総合的な学習の時間における児童及び生徒の学習状況に関する評価の方法
　　及びその留意点を理解している。

　学習指導要領と異なり，教職課程コアカリキュラムには解説書はない。教職課程コアカリキュラムに添って学習指導要領をふまえながら学習することが大切である。大学の授業では関連付けて指導されることが望ましい。一般目標に注目すると，①意義と原理の理解→②指導計画の作成→③指導と評価の流れとなっている。

第2節　総合的な学習（探究）の時間の原理

　総合的な学習（探究）の時間の原理とは，総合的な学習（探究）の時間の学問的議論を展開する際に予め設定される言明のことである。原理という語は古代ギリシャ語のアルケー（Αρχη），ラテン語のプリンキピウム（principium），英語のプリンシパル（principle）等に相当する。

　ここでは，学習指導要領と教職課程コアカリキュラムを学問的議論の前提として取り扱うこととする。学習指導要領では，総合的な学習（探究）の時間の目標に基づいて各学校において目標と内容を定めることとなっている。学習指導要領によると，総合的な学習（探究）の時間の構造イメージは図5.3のようになる。

　学習指導要領の目標と各学校の教育目標を踏まえて，各学校において総合的な学習（探究）の時間で育成することを目指す資質・能力を定めて，各学校において内容の設定が図られる。探究課題の例としては，「現代的な諸問

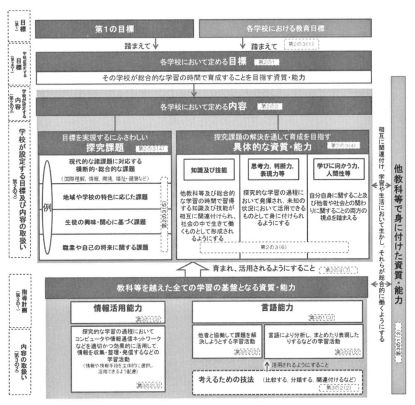

図 5.3　総合的な学習の時間の構造イメージ (中学校)

(出所) 文部科学省 (2017：18)

題に対応する横断的・総合的な課題 (国際理解，情報，環境，福祉・健康など)」「地域や学校の特色に応じた課題」「生徒の興味・関心に基づく課題」「職業や自己の将来に関する課題」がある。そして，探究課題の解決を通して育成を目指す具体的な資質・能力としては，「知識及び技能」「思考力，判断力，表現力等」「学びに向かう力，人間性等」がある。「知識及び技能」では，知識及び技能の相互関連や社会の中で生きて働くことなどが重視されている。「思考力，判断力，表現力等」では，未知の状況において活用できるようにすることなどが重視されている。「学びに向かう力，人間性等」では，自分自身

に関することと，他者や社会との関わりに関することの両方が重視されている。

　指導計画を作成する際には，教科等を超えたすべての学習の基盤となる資質・能力として，「情報活用能力」と「言語能力」が育まれ，活用されるようにすることとしている。総合的な学習（探究）の時間の内容の取り扱いでは，比較する，分類する，関連付けるなどの「考えるための技法」が活用されるようにすることが示されている。

　上記の内容で，小学校第3学年から高等学校卒業まで，およそ週2単位時間の総合的な学習（探究）の時間が行われることとなる。

第3節　総合的な学習（探究）の時間の事例

1. 小学校の事例

　総合的な学習の時間で安全教育に取り組む学校もあり，安全教育は児童会活動や学校行事の健康安全・体育的行事とも関連した指導ができる。たとえば，2016（平成28）年度に千葉県総合教育センターが作成したコンテンツに「学校の安全を守ろう〜○○ぼうえいたい〜」（指導者，土屋彩織，第3学年）という総合的な学習の時間がある。内容は，学校安全をテーマに「○○ぼうえいたい」を結成して活動を行うものである。手順は，①児童が学校内の危険箇所を話し合う。②ポスター作りや安全マップなどを作成する。③全校児童が安全に学校生活をすごすことができるように全校朝会等で活動をアピールする，といった流れで行われる。具体的な指導計画は次のとおりである（図5.4）。単元の目標は次の二つである。

・自分たちが生活する学校の安全を調べ，「学校生活のきまり」に関心をもつとともに，安全に過ごすためにはどうしたらよいのか，自分の考えをもつことができる。

・創意工夫をした表現方法を用いて，発見したことについて分かりやすく伝えることができる。

6　本時の指導（7/30）

（1）　本時の目標
・これまでの活動をふり返り，計画を考えることができる。
・他のグループの話を聞いて，自分たちのグループの作戦に活かすことができる。

時配	形態	学習内容と学習活動	☆支援　◎　評価	資料
導入 （20）	一斉	ぼうえいプランをふり返り，新たな作戦を考えよう 1　これまでのふり返りをする。 ・これまで行ってきた作戦をふりかえる。 ・警察帽を作って校内を見回りした。 ・ポスターを作って校内に貼った。 ・衛生の実験をしたよ。	☆事前に前時に書いた短冊を黒板に掲示しておく。 ☆学習の進め方，きまりを説明する。 ◎グループの中で自分の思いを相手に伝えることができる。	作戦ノート 短冊 模造紙 付箋 マジックペン
展開 （15）	一斉	2　9月の保健室の利用状況について確認する。 ・前回と比べて，自分たちが行った結果どうなったかをみんなで確認する。 ・結果からみてこれからどうしていくかを各自考える。	☆情報を共有するにあたって，新に知りたい情報も書き出せるようにする。	
	グループ	3　作戦ノートに書き込む。 ・自分たちに出来る事はなんだろう。 ・情報を基に，次はどうすればよいか考えよう。	☆新しい課題を見つけられるように，情報をまとめやすくプリントを用意する。	
まとめ （10）	グループ 一斉	4　報告連絡相談 （ほうれんそうタイム） ・振り返った反省と今後について発表する。 良かったことは何か。 反省点は何か。 これからの課題は何か。	◎他のグループの報告をしっかりと聞ける。 ☆他のグループの状況を聞き，更に調べようという行動へ繋げる。	

図5.4　「学校の安全を守ろう～〇〇ぼうえいたい～」（指導者，土屋彩織）

（出所）千葉県総合教育センター（2017）

　評価の観点としては，「課題設定する力」「課題について思考する力」「課題追究する力」「表現する力」の四つを設定している。

　全体の指導計画は見出す（課題の設定）2時間，調べる（情報の収集）8時間，深める（整理・分析）2時間，まとめあげる（まとめ・表現）8時間，見出す（課題の設定）2時間，調べる（情報の収集）8時間，深める（整理・分析）2時間，まとめあげる（まとめ・表現）8時間となっている。つまり，「見出す・調べる・深める・まとめあげる」のサイクルを2回繰り返す。1回目のサイクルで計画をまとめあげ調査手続きを決める。そして，2回目のサイクルでは，ポスター，プレゼンテーションソフト，新聞等で活動の結果報告をする。その後全体計画の7時間目の内容について例示する。防衛プランを振り返り，新たな作戦を考えさせる場面である。

　授業は，導入，展開，まとめの3段階で構成される。導入に20分かけるところが特徴的である。導入で授業の内容を児童と教師が共有する。児童は校内見回りやポスターによる啓発などを実施している。これらの活動は総合的な学習の時間の枠を超えて，特別活動の児童会活動で，学校生活の充実と向上を図るために全校的な取組への発展として提案することもできる。また，学校行事の健康安全・体育的行事で，安全な行動や規律ある集団行動の体得の例として，主体的な実践の指導につなげることもできる。

2.　中学校の事例

　中学校の事例としては，特別活動の学校行事の中の文化的行事と連携できるものもある。具体的には，たとえば，栃木県総合教育センターが作成した指導資料「自分のよさ，友達のよさ」の中に「総合的な学習の時間を利用したドラマスクール（第3学年）人権に関わる創作劇『My Dream』」というものがある。

　この事例では，ドラマ作りのプロである劇団が学区内にあることを学校が把握し，地域社会の劇団と協力をして，「育てたい能力」の育成を目指している。目的としては，協調性，表現能力，想像力，コミュニケーション能力の育成を目的としている。協調性はドラマ創作過程で育成を図ろうとしてい

る。表現能力はシナリオ作成や演技の中で育成を図ろうとしている。創造性は「総合的な芸術」であるドラマを実体験することで育成を図ろうとしている。コミュニケーション能力は演技を通した疑似体験での自己開示の場面等

前振り　：いじめグループのリーダー（隼人［主人公］）が登場
　　　　　自分の夢や、悩みの語りからドラマが始まる。

第1場面　：　転校生をクラスに紹介する場面
　　　　　ざわつく教室の雰囲気の中に、転校生（麻衣）がクラスに紹介される。

第2場面　：　隼人が教室でいじめる場面＆転校生が目撃する場面
　　　　　隼人が自分の悩みについて、いじめグループの仲間と話しているとき、その傍らで、えりか［いじめられ役］が漫画に夢中になって笑っている。
　　　　　その様子にいじめグループは腹を立て、えりかをいじめる。えりかがいじめられている最中、偶然、麻衣が教室に忘れ物を取りに戻ってきて、いじめの場面を目撃する。制止しようと考えるが、グループに睨まれ立ち止まる。

第3場面　：　隼人が帰宅し、お母さんと食事をする場面
　　　　　母親が食事の準備をしながら、学校での様子や進路について隼人に問いかけるが、隼人は母親の質問がうるさくなり、家を飛び出してしまう。

第4場面　：　昼休みの教室でのいじめの場面
　　　　　いじめグループの女子達がえりかを取り囲んでいじめている。
　　　　　そのとき、麻衣が友だちと一緒にやってきて、いじめの場面を目撃する。
　　　　　麻衣は、その様子をみて、今度はいじめの場面を制止する。いじめグループは、その場を立ち去る。残った麻衣は、友だちと日曜日に行われる路上ライブの話題に盛り上がる
　　　　　その傍らで、隼人がライブの話題に聞き耳を立てる。

第5場面　：　路上ライブの場面
　　　　　麻衣は友だちと路上ライブ見学にやってくる。
　　　　　隼人も、仲間とライブ見学にやってくるが、群衆に遮られライブが見られず、すごすごと帰っていく。その様子を麻衣が目撃する。

第6場面　：　ホームルームと放課後の教室の場面
　　　　　印南先生が委員長に文化祭の出し物について説明をさせる。
　　　　　麻衣は文化祭でバンドを組んで演奏したいと考え、友だちを誘うが、なかなかメンバーが集まらない。
　　　　　隼人が教室を出ようとするとき鞄からCDを落としてしまう。近くにいた麻衣がそのCDを拾い上げると、それは偶然にも麻衣の大好きな曲であった。
　　　　　麻衣は、思い切って隼人をバンドのメンバーに誘ってみる。隼人はその言に触発され、バンドを組むことを決心する。

第7場面　：　文化祭でのライブの場面
　　　　　隼人は、麻衣と共にバンドを組んで文化祭で歌う。
　　　　　気持ちの変化やこれからの展望について語る（幕）

【キャスト】

先生役・・・・・A男、A子　　　　　転校生役・・・B子
母親役・・・・C子
いじめられ役・・D子
いじめ役・・・・E子、F子、B男、C男、D男、F男、G子
クラスメイト・G男、H男、H子、I子、J子、K子、I男、J男、K男、L男、L子、M子
ブリッジ演奏者：M男、N子、O子

【スタッフ】

舞台監督（助監督）　：　男子4名
舞台装置（大道具）　：　男子4名、女子4名
舞台装置（小道具）　：　男子4名、
衣　　装　　　　　　：　女子3名
照　　明　　　　　　：　男子2名
音　　響　　　　　　：　男子2名
場面設定（脚本）　　：　男子3名、女子5名

図5.5　劇のあらすじとキャスト・スタッフ（栃木県総合教育センター）

で育成を図ろうとしている。

　年間指導計画では原則として1回2時間で25回の計画となっている。4月から11月までの実施で，最終回は創作劇発表となる。4月から8月まではスタッフ紹介，生徒紹介，発声練習，基本動作の演習，ドラマづくりの演習が行われる。9月から10月にかけてドラマの創作が始まり，「いじめを主題とした学園物」のドラマを制作する。11月には文化祭でのプレリハーサルを行い，そして，最終回で「創作劇発表」を行う。

　総合的な学習の時間で劇の準備を通して目的とする資質・能力を育成し，特別活動の学校行事の文化的行事（文化祭）を活用して公表をしている。文化的行事は，平素の学習活動の成果を発表することがねらいの一つであり，総合的な学習の時間の学習成果を発表する時間としても適している。また，学校行事は，生徒が自己の向上の意欲を一層高めることもねらいとされている。

　そのため，指導に際しては，生徒が自己の成長を振り返る活動の設定，自主性や創造性を高められる場面の設定，生徒同士がすることによって成就感や連帯感を味わえる場面，責任感について自覚できる場面などを意図的に計画するとよい。なお，この中学校の事例での劇のあらすじとキャスト・スタッフについては，**図5.5**に示す。生徒指導上の諸問題の一つとなっているいじめの問題がテーマとなっている。劇を通して人権感覚を育成できる内容である。

3. 高等学校の事例

　小学校と中学校とでは総合的な学習の時間という名称である。それに対して，高等学校では，総合的な探究の時間という名称になる。そして，総合的な探究の時間の標準単位数は，先にも述べたとおり，3-6単位（1単位時間を50分とし，35単位時間の授業を1単位）である。そして，高等学校卒業までに履修させる総単位数74単位に総合的な探究の時間の単位は含まれている。つまり，すべての生徒に履修させるものである。例外としては，職業教育を主とする専門学科では「課題研究」や理数科の「理数探究基礎」・「理数探

究」との読み替えが認められる。一部の例外はあるものの，高等学校では，総合的な探究の時間と趣旨が重なる活動を実施することが意図されている。

　なお，学習指導要領において高等学校の総合的な探究の時間の目標は前半部で「探究の見方・考え方を働かせ，横断的・総合的な学習を行うことを通して，自己の在り方生き方を考えながら，よりよく課題を発見し解決していくための資質・能力を次のとおり育成することを目指す」と規定されている。そして，後半部の資質・能力の説明については次の3点が提示されている。

---

(1) 探究の過程において，課題の発見と解決に必要な知識及び技能を身に付け，
　　課題に関わる概念を形成し，探究の意義や価値を理解するようにする。
(2) 実社会や実生活と自己との関わりから問いを見いだし，自分で課題を立て，
　　情報を集め，整理・分析して，まとめ・表現することができるようにする。
(3) 探究に主体的・協働的に取り組むとともに，互いのよさを生かしながら，
　　新たな価値を創造し，よりよい社会を実現しようとする態度を養う。

　特別活動と関連させたこれまでの実践には，たとえば，「自ら学び考える総合的な学習の時間の指導―伝承唄を教材にした総合的な学習の時間の展開―（高﨑守司）」（奈良県立教育研究所，2004年度）がある（**表5.1参照**）。

　特別活動と総合的な探究の時間との関連については，高等学校学習指導要領によって，「総合的な探究の時間学習活動により，特別活動の学校行事に掲げる各行事の実施と同様の成果が期待できる場合においては，総合的な探究の時間における学習活動をもって相当する特別活動の学校行事に掲げる各行事の実施に替えることができる」（総則，第2款，(3) ケ）とされている。この規定は小中学校でも同様である。

　つまり，学校行事と総合的な探究の時間を重ねて実施し，総合的な学習の時間の単位数に含めることができることになる。そのため，たとえば修学旅行や文化祭などについて，総合的な探究の時間として単位時間を計算することができる。

表5.1　高等学校総合的な学習（探究）の時間の活動例

学習Ⅱ	第3次　学んだ唄や体験を工夫し発表する方法を考える	6／26時間
付けたい力	聞き取りの内容を自己の生き方に結びつけながら、豊かな表現力を養えるよう主体的な発表の力を付ける。情報リテラシーの基礎力を付ける。	

生徒の学習活動例	生徒に付けたい力	教員の指導
例1）伝承唄歌集作成やスライドショーによる発表内容の作成。 ①歌詞の意味・背景を調べる。 ②歌詞集をまとめる。 ③背景を考察し、発表方法を相談する。	★伝承唄の歌詞を収録し、その背景や意味を文章化することで表現力・思考力を付ける。 ☆どんな発表方法ができるかを相談し、考える力を付ける。	○唄と生活・仕事との関係を掘り起こす教員側の準備作業。 **教師用資料試作例** ・伝承唄パワーポイント ・伝承唄の歌詞や背景 ○国語科、特別活動との連携
例2）ディジタル記録と作成 ①テープ起こし・歌詞　採譜 ②歌詞の入力と譜面作成 ③採譜スコアをパソコン入力 ④採譜した楽譜の発表	★音符の入力作業を通して構成力と思考力を付ける。 **生徒作成資料の例** ・小林の遊び唄 MIDI ・伝承唄・スコア	○支援できるよう教員も試作する。 ディジタル化した楽譜
例3）体験記録の発表と保存 ①草履作りの実体験をする。 ②伝承唄として「チョイナ節」の歌詞について聞き取る。 ③聞き取った唄について考察する。	★草履作りの体験をプレゼンテーションなどで、発表することで構成力を付ける。 **例　草履作りの実体験の記録** 写真：わら草履作りの実体験	○生徒の気付きを大切にして、どんな仕事観を持ったかを確認する。
例4）伝承唄等アレンジの企画 ①オリジナル曲合奏の編成 ②各パート・楽器編成 ③希望楽器の選択の手配 ④パート練習 ⑤合同練習と楽器編成見直し ⑥合奏仕上げ・語りの挿入	★主体的に考え、判断する力を付ける。 ①グループ内での役割分担を主体的に行う力を付ける。 ②表現する力を付ける。 ③豊かな感性を培うと同時に充実感や連帯感を共有する。	○生徒が互いの長所を認めあえるような指導を展開する。 ○音楽科との連携を図る。 ○メンバーの一員として地域学習をする主体者としての共感と誇りをもてるような指導を展開する。

学習Ⅲ	第4次　伝承唄のアレンジ曲等を全員合奏にして地域に発信する。また、そういう場の設定を企画する。	4／26時間
付けたい力	発表や表現を工夫し、多彩な思考力と判断力を培い、豊かな感性を養う。	

生徒の学習活動例	生徒に付けたい力	教員の指導
＜活動1＞文化祭に向けた活動。 ①全員による合奏発表の練習と発表の準備をする。 ②発表会の企画や運営について話し合う。（実行委員会の活用） ③文化祭でアレンジ曲「ロック・ザ・ムラ」やオリジナル曲などの合奏を発表する。	★豊かな表現力や感性を磨き、自ら工夫し、判断する力を付ける。 イメージ写真：大正中学校教育研究集会より ★照明や音声を充実させ構成力や創作力を付ける。	○発表に向けての意義を示す。 ○興味・関心が持続するよう楽器選択を助言する。 ○なかまの音を聞き取り豊かな感性を評価する。 ○音楽科との連携を図る。
＜活動2＞地域センターに出向いて学習したことを発表する。 ①地域の文化祭に参加する。 ②ポスターの作成をする。	★地域の老人たちと交流し共生の実践力と交流力を企画する力を付ける。 ★コミュニケーション力を付ける。	○地域の人々に支援を依頼し、交流がスムーズに進むように配慮する。

（出所）高﨑（2005）

　この活動は，学習Ⅲ〈活動1〉で特別活動の学校行事に含まれる文化的行事の活動の一つである文化祭に相当する活動で学習成果を発表する計画となっている。また，学習Ⅲ〈活動2〉でも，地域センターに出向いて学習したことを発表する活動は，学年全体で実施する場合は，特別活動の学校行事に含まれる勤労生産・奉仕的行事の活動の奉仕に関連する活動の一つと位置づけることもできる。逆に，奉仕に関する活動を総合的な探究の時間に含める

こともできる。

第4節　総合的な学習の時間の指導計画の作成

1. 指導計画

　総合的な学習（探究）の時間の指導計画について，教職課程コアカリキュラムでは，次のように示されている。

一般目標：
総合的な学習の時間の指導計画作成の考え方を理解し，その実現のために必要な基礎的な能力を身に付ける。
到達目標：
1) 各教科等との関連性を図りながら総合的な学習の時間の年間指導計画を作成することの重要性と，その具体的な事例を理解している。

　教職課程コアカリキュラムでは，指導計画作成の考え方の理解と実現に向けた能力を一般目標の一つとしている。小学校から高等学校までの段階があるが，まずは，小学校と中学校を例として，指導計画の作成にあたっての配慮事項について確認していく。小学校学習指導要領や中学校学習指導要領とその解説によると，次のように7事項が記されている。それらは主体的・対話的で深い学び，指導体制・学習の評価等，言語能力・情報活用能力等，各学校において定める目標及び内容，各学校における名称，障害のある児童への対応，道徳科などとの関連，である。以下，7事項について，詳細にみてみよう。

（1）　年間や，単元など内容や時間のまとまりを見通して，その中で育む資質・能力の育成に向けて，児童の主体的・対話的で深い学びの実現を図るようにすること。その際，児童や学校，地域の実態等に応じて，児童が探究的

　な見方・考え方を働かせ，教科等の枠を超えた横断的・総合的な学習や児
　童の興味・関心等に基づく学習を行うなど創意工夫を生かした教育活動の
　充実を図ること。

　解説書では，各教科等の学びでの「見方・考え方」を習得・活用・探究の
過程で働かせることが「深い学び」につながるとしている。「深い学び」の
参考となるものの一つに，ディープラーニング（深層学習，deep learning）が
ある。これは，人工知能を活用して人間の学習を，複数の層を使って再現す
るというものである。Google Brain（人工知能の研究チーム）にリサーチ・サ
イエンティストとして関わっているイアン・J・グッドフェロー（Ian J. Good-
fellow）らによって研究が進められている。もう一つには，オーセンティック・
ラーニング（真正の学習，authentic learning）がある。これは，学習者が実際の

図 5.6　教授スキル開発のヒエラルキー
（出所）Revington（2018）

問題や文脈で概念や関係を探究し，議論し，有意義に構築するための指導的アプローチである。スティーヴ・レヴィントン（Steve Revington）は**図 5.6** のような図でオーセンティックラーニングを説明している。

　この図からは，学級経営スキルや教材管理スキル，学習内容や総合的活動，プロジェクト・ベースド・シミュレーションの上位にオーセンティック・ラーニングを位置付けている。

（2）　全体計画及び年間指導計画の作成に当たっては，学校における全教育活
　　動との関連の下に，目標及び内容，学習活動，指導方法や指導体制，学習
　　の評価の計画などを示すこと。

　この部分については，解説書では，計画，実施，評価，改善のカリキュラ
ム・マネジメントのサイクルを着実に実行することの重要性が指摘されてい

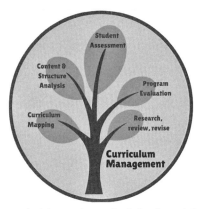

図 5.7　カリキュラム・マネジメントのイメージ
（出所）Clare（2018）

る。カリキュラム・マネジメントとは，医学教育プログラムで盛んに使われる用語で，たとえば，スタンフォード大学のメディカルスクールなどでも積極的に取り組まれている。期待する学習成果に合った完璧なカリキュラムを構築しようとする取組みである。次のモデルはブリティッシュ・コロンビア大学から派生した医療教育技術に関する団体である one45 が作成したモデルである。

　このモデルは，カリキュラムマッピング，コンテンツおよび構造分析，児童生徒評価，プログラム評価，研究・レビュー・修正によって構成されている。

（3）　他教科等及び総合的な学習の時間で身に付けた資質・能力を相互に関連付け，学習や生活において生かし，それらが総合的に働くようにすること。その際，言語能力，情報活用能力など全ての学習の基盤となる資質・能力を重視すること。

　言語能力については，解説書では創造的思考・論理的思考，完成・情緒，コミュニケーションといった側面について指摘がある。情報活用能力は情報及び情報技術を活用して世界中のさまざまな問題を発見・解決していくこと

などが指摘されている。

> (4)　他教科等の目標及び内容との違いに留意しつつ，第1の目標並びに第2
> の各学校において定める目標及び内容を踏まえた適切な学習活動を行うこと。

　この部分では，特別活動の学校行事を総合的な学習の時間として安易に流用して実施することを許容していないことが述べられている。そのうえで，自然体験活動と職場体験活動・ボランティア活動について，特別活動の趣旨が踏まえられている場合，流用できることが示されている。ここでの特別活動の趣旨とは，集団への所属感や連帯感，公共の精神などを指している。

> (5)　各学校における総合的な学習の時間の名称については，各学校において
> 適切に定めること。

　総合的な学習の時間の具体的な名称については，趣旨が理解されるもの，児童生徒・保護者・地域住民に親しんでもらえるものとするように，地域のシンボルや学校教育目標などを活かして，各学校で適切に定めるものとされている。例としては，「○小タイム」「○中タイム」「○高タイム」などの学校名を活用したもの，学校ゆかりの植物名を活用するものなど，さまざまである。

> (6)　障害のある児童などについては，学習活動を行う場合に生じる困難さに
> 応じた指導内容や指導方法の工夫を計画的，組織的に行うこと。

　この部分は，インクルーシブ教育システム（inclusive education system）の構築を目指していることに関わる内容である。児童生徒の知的な側面，情意的な側面，身体的な側面などに関連して，生徒の実態等を把握して教育活動を創意工夫していくことになる。なお，具体的には次のように通級による指導を受けている児童生徒数は増加してきている（**図5.8**）。

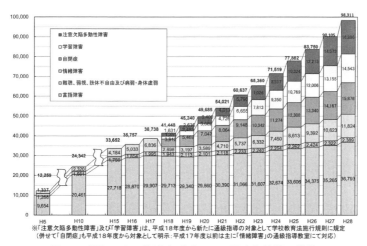

図 5.8　通級による指導を受けている児童生徒数の推移

（出所）文部科学省初等中等教育局財務課（2017）

---

(7)　第 1 章総則の第 1 の 2 の(2)に示す道徳教育の目標に基づき，道徳科など
　　との関連を考慮しながら，第 3 章特別の教科道徳の第 2 に示す内容について，
　　総合的な学習の時間の特質に応じて適切な指導をすること。

　この部分は，道徳教育，道徳科と総合的な学習野時間の関係についての部
分である。道徳教育（moral education）は日本の教育の特徴の一つとなっている。
モラルという言葉はギリシア語のモリス（moris），ラテン語のモス（mos）か
ら来ており，すでに 14 世紀フランスにおいて，社会人の正しい振る舞いと
いった意味で使われている。道徳教育に類する海外の例では，たとえばアメ
リカの場合，民主主義社会における市民の育成という観点から，人格教育
（character education）が実施されている。具体的には，地域のボランティア活
動を学習指導と連携させて，サービス・ラーニング（service-learning, SL）と
して展開されている。サービス・ラーニングは，1967 年に誕生しており，
ウィリアム・ジェームズ（William James）やジョン・デューイ（John Dewey）
の奉仕を取り入れた経験学習の主張を背景としている。日本においても，サ
ービス・ラーニングという形態で，道徳教育や道徳科との関連を考慮した総

合的な学習の時間が実施できる。

　高等学校については，指導計画作成時の配慮事項は8項目ある。それは，道徳教育に関する配慮事項は省かれ，生徒の多様な課題意識，知識や技能の深化・総合化の二つの事項が加わるためである。

> 追加事項1　目標を実現するにふさわしい探究課題を設定するに当たっては，生徒の多様な課題に対する意識を生かすことができるよう配慮すること。

　高等学校については他多様な課題が出発する探究学習（inquiry-based learning）の特徴が強まる。探究学習は疑問や問題から始まる能動的学習（active learning）の一形態である。なお，能動的学習という用語は，イギリスの研究者レヴ・レヴァンス（Reginald William Revans）によって，アクション・ラーニングとして使用されたものである。

> 追加事項2　総合学科においては，総合的な探究の時間の学習活動として，原則として生徒が興味・関心，進路等に応じて設定した課題について知識や技能の深化，総合化を図る学習活動を含むこと。

　探究学習（inquiry-based learning）の実践にあたっては，生徒の知識や技能の深化，総合化を図るためには，それぞれの学問体系のプロとのコラボレーションも必要となる。そのため，探究学習におけるファシリテーターとしての役割を教師が果たせるように，教員養成の再構築も必要である。

2. 指導計画の事例
(1) 小学校の指導計画
　事例では全体計画や年間指導計画などの例を取り扱うこととする。小学校の例では，全体計画について詳細に検討し，中学校の例では年間指導計画について詳細に検討したい。

　まず，全体計画については，**図 5.9** のようなスタイルが一般的である。構成は上段，中断，下段に分かれている。上段中央には学校教育目標と総合的な学習の時間の目標を記載する。この事例の場合，総合的な学習の時間の名称は「秋山っ子学習」となっている。そして，左右に児童の実態，保護者の願い，地域の実態，地域の願いを記載する。

　次に中段については，育てようとする資質・能力と指導内容を記載する。小学校の場合，総合的な学習の時間は第 3 学年から開始される。この例では育てようとする資質・能力は中学年である 3,4 年と高学年である 5,6 年に分けて記載されている。また，学習方法についての資質・能力，児童の自分自身についての資質・能力，他者や社会との関係についての資質・能力で構成している。内容については横断的・総合的な課題を中心として展開する計画となっている。中段は年度を超えて活用する内容である。

　下段は当該年度の具体的な学習活動が記載されている。事例では，第 3 学年では川を対象とした環境について，第 4 学年では高齢者を対象とした福祉について，第 5 学年では太陽光発電によるエネルギーについて，第 6 学年では中国の伝統音楽を活用した国際について学習する計画である。また，事例では，当該年度に重視する指導方法，学習の評価，指導体制についても記載している。

　学習の成果を把握するための評価については，ポートフォリオ，観点別評価，個人内評価，指導計画の評価，授業分析による評価学校，運営協議会による評価など，多様な方法を活用しようとしている。評価の対象も児童の学習状況，教師集団による指導計画，各教師による学習指導と教育活動の全体をカバーするものである。指導体制については，学習活動が学年で異なるため，学年部を中心として構成している。

(2) 中学校の指導計画

　中学校の指導計画も小学校の指導計画と同様に全体計画を作成する。そして，年間指導計画も作成する。ここでは，年間指導計画の作成方法にいて説明をする。各学年で作成する年間指導計画は 4 月に始まり翌年の 3 月に終わ

〈児童の実態〉
・明るく素直な児童たち
・幼少時から少人数のほぼ同一の集団で生活してきており，お互いをよく知り合っている
・総合的な学習の時間が好きな子が多い
・学習態度は真面目であるが，主体的に取り組むことが課題である

〈学校教育目標〉
かしこく 心ゆたかな たくましい子
1　自分の課題に向かって本気で取り組む子
2　明るく思いやりのある子
3　健康で安全な生活のできる子

〈地域の実態〉
・市の中心部に位置し，行政施設や商店街などが周辺に存在する
・町内会活動などは伝統的に活発で，学校を支える風土がある
・保護者や地域の人は，教育活動に積極的に参加している
・核家族が増えてきている

〈「秋山っ子学習」の目標〉
○ 身近な地域の自然や社会とかかわりを通して，課題を見付け，仲間と協力しながら，主観的・創造的・協同的に課題を解決しようとするとともに，身近な地域の様々な人とのかかわりを通して，地域に対する親しみと愛着を深め，自分の生き方を考えようとする

〈保護者の願い〉
・確かな学力，豊かな人間性，健やかなからだの育成
・学習習慣の確立
・誰もが安心ある学校生活を送ってほしい

〈地域の願い〉
・町の担い手となってほしい
・のびのびと学習し，自分の力を存分に発揮してほしい

〈育てようとする資質・能力及び態度〉

	3・4年	5・6年
学習方法	・対象との体験的なかかわりを通して課題に気付く ・解決の見通しをもち計画を立てる ・相手や目的に応じて表現する ・学んだことを生活の中に生かす	・対象と積極的にかかわる中で，課題を設定する ・解決の方法や手順を考えて計画を立てる ・相手や目的に応じて効果的に表現する ・学んだことを生活の中で積極的に生かして追究する
自分自身	・自分の行為について意思決定する ・目標を設定して，課題の解決に向けて行動する	・自らの生活の在り方を見直し，よりよい在り方を考えて実践する ・自己の成長を振返り，これからの自分を見つめ，自己を高めようとする
他者や社会	・異なる意見や他者の考えがあることを認める ・自分と地域とのつながりに気付き，地域と進んでかかわる	・他者と協力して課題を解決したりする ・自分と地域のかかわりを考えながら，地域の活動に参加する

〈内　容〉

		学習対象	学習事項
横断的・総合的な課題	環境	身近な自然環境のすばらしさや環境問題に取り組む人々	・地域の自然の良さや大切さ ・環境問題と人間の生活との関わり ・自然と人間の暮らしとの共生
	福祉	地域の高齢者，障害者と暮らしを支援する人々	・身近な高齢者や障害者を支援する仕組みや携わる人々 ・身近なボランティア活動への参加
	エネルギー	自分たちの消費生活と資源やエネルギー	・生活を支えるエネルギー活用の多様性と，重要性と諸課題 ・エネルギーと自分たちの生活のかかわり
	国際	地域に暮らす外国人とその人たちが大切にしている文化や価値	・日本文化の伝統とそのよさ ・世界の国々の文化や伝統とその特徴 ・異なる文化と交流する活動や取組

〈本年度の主な学習活動〉

	学習活動
3年・環境	・秋山川で水辺の生きもの探しをしよう ・50年前の秋山川をよみがえらせよう
4年・福祉	・高齢者ホーム秋山園で音楽会をして，お年寄りに喜んでもらおう ・地域のお年寄りお助け名人になろう
5年・エネルギー	・学校の太陽光発電システムを活用して教室のゼロエミッションに挑戦しよう
6年・国際	・中国の伝統音楽を聞き，楽器を演奏しよう ・藜さんに日本の伝統文化の良さを伝えよう

〈指導方法〉
・児童の課題意識を繋げ新たな課題を生み出す支援
・児童の深い見取りによる個に応じた支援の重視
・児童が諸感覚を使って試行錯誤できる体験活動の工夫
・協同する活動が必然的に生まれる学習活動の展開
・言語活動を適切に位置付けた，体験の意味の自覚化

〈学習の評価〉
【学習状況の評価】【指導計画の評価】【学習指導の評価】の方針と手立て
・ポートフォリオを活用した評価の充実
・観点別学習状況を把握するための評価基準の設定
・個人内評価の重視
・指導と評価の一体化の重視
・学期末，学年末における指導計画の評価の実施
・授業分析による学習指導の評価の重視
・学校運営協議会における評会の実施

〈指導体制〉
・学年部を中心とした指導とサポートの体制を構築する
・学年会と学年部会での実践と情報の交流を行う
・オープンスペースの活用と学年全体での指導の活用を意識して行う
・担任以外の教職員による支援体制を確立する

図5.9　A小学校　総合的な学習の時間　全体計画

(出所) 文部科学省 (2011a)

る。

　構成要素は「単元名」「主な学習活動」「活動の時期」「予定される時数」
である（図5.10）。事例は中学校第1学年の事例で，4月から5月にかけて「小
学校での総合学習の報告会をしよう」を4時間実施し，6月から8月にかけ
て「地域の環境にいて関心をもとう」を16時間実施し，9月から12月にか
けて「環境問題を追究しよう」を20時間実施し，1月から3月にかけて「地
域でできることを見付けよう」を10時間実施する計画である。

　単元配列のパターン例としては，分散型，年間継続型，集中型，複合型な
どがある。分散型は，学期ごとに単元を分けて実施する形式で，取り扱うこ
とも多い。年間継続型は1年間を通じて同一のテーマを継続して取扱う形式
である。集中型は季節や地域の行事などを中心として集中的に実施する形式

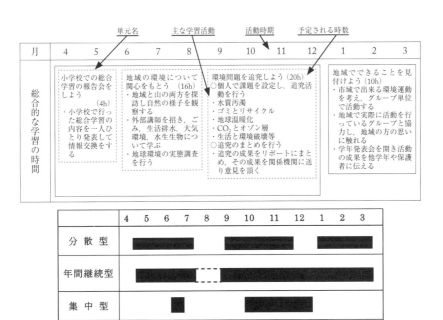

図 5.10　年間指導計画の構成要素と単元配列のパターン例

（出所）文部科学省（2011b）

である。複合型は学年単位の活動と学級単位の活動など，学習集団の規模を組み合わせて実施する形式である。これらのパターンはそれぞれのよさを組み合わせて計画されることも多い。

　図5.10の例であれば，小学校の総合的な学習の時間の振り返りを除くと環境教育を中心とした単元構成となっている。1学期は地域の環境を知ることが中心となり，2学期は環境問題を調べる活動となり，3学期は地域でできることを見つけるという活動である。そのため，それぞれの学期の中心的なねらいが，文部科学省が育成を目指す資質・能力として提示している「知識及び技能」「思考力，判断力，表現力等」「学びに向かう力，人間性等」にも対応している。

　この総合的な学習の時間の事例で取り上げられているような環境教育（environmental education, EE）については，日本にかかわらず世界的な取組が進んでおり，他国の例では，たとえばアメリカの場合，米国環境保護庁（United States Environmental Protection Agency）が国家環境教育諮問委員会（National Environmental Education Advisory），国立環境教育財団（National Environmental Education Foundation, NEEF）などと連携して積極的に環境教育を推進している。そして，国立環境教育財団は，学校などの教育機関，政府機関，企業，地域社会，非営利団体と協力して環境教育を促進し，毎年アメリカの学校年度末に近い4月下旬に国家環境教育週間（national environmental education week）を展開している。これらの活動の背景には，米国環境保護庁が環境リテラシーを高めるために1990年に制定した国家環境教育法（National Environmental Education Act）があり，これに基づき，米国環境保護庁は環境教育局（Office of Environmental Education）を設置している。

(3)　高等学校の指導計画

　指導計画には全体計画，年間指導計画，単元計画などがある。小学校と中学校の事例で全体計画と年間指導計画について説明してきた。そのため，高等学校の事例では，残された単元計画をもとに説明をしていきたい。単元とは，生徒の学習過程における学習活動の一連の「まとまり」のことである。

デューイの生活単元学習などの影響で，とくに日本の教育界で重視されている概念となっている。

　単元計画は，全体計画・年間指導計画をふまえて，①生徒の興味・関心，②教師の願い，③教材の特性によって形成される。**図 5.11** の例であれば，第 1 学年の年間 35 時間を前半 18 時間の「社会と自分とのつながりを考える」と後半 17 時間の「社会問題を深く掘り下げる」に区分している。そして，前半の「社会と自分とのつながりを考える」について，クラス単位でインターンシップを中心とした単元を実施する計画である。

　単元の目標については五つあり，末尾をみると「知る」「姿勢をもつ」「身に付ける」「表現する」「身に付ける」となっている。「知る」は文部科学省の資質・能力では「知識及び技能」に含まれる。「表現する」は文部科学省の資質・能力では「思考力，判断力，表現力等」に含まれる。「姿勢をもつ」「身に付ける」は文部科学省の資質・能力では「学びに向かう力，人間性等」に含まれる。

　事例では，①生徒の興味・関心については，「多様な仕事が関連しあうことを知る活動から，様々な職業への関心を高め，訪問企業での活動に対する課題意識をもつようにする」としている。②教師の願いについては「多様な職業に興味・関心を広げたい。職場体験を通して，社会で求められている資質や能力及び態度について学ぶようにしたい」としている。③教材の特性については「企業等と十分な協議を事前に行い，責任ある仕事に従事することで，十分な成果があがるような体験活動にする」としている。

　単元の内容としては，インターンシップとその事前事後の学習という構成である。インターンシップは，「夏休み中の 2 日間」などの期間を設定し，受け入れ先の組織から実務経験の機会が提供される。事例は高校生のものであるが，一般的にインターンは，高校生，大学生，大学院生でもよく活用されており，学校卒業後のフルタイムの仕事を準備できるといった利点もある。

年間指導計画

	「社会と自分のつながりを考える」	「社会問題を深く掘り下げる」
1年	インターンシップを中心活動とした単元 （18時間）　～クラス単位～	ディベートを中心活動とした単元 （17時間）～クラス単位～

単元の目標

○働く現場における問題解決の体験を通して、働く人の思いや社会で求められる力を知る。
○協同的な活動を通して、異なる意見や他者の考えを受け入れる姿勢をもつ。
○明確な課題を設定したインターンシップを通して、主体的に問題解決する姿勢を身に付ける。
○レポート等の作成、発表会の準備を通して、自らの体験が的確に伝わるように表現する。
○仕事の本質に迫る活動を通して、職業選択に対する多様な視点を身に付ける。

単元の展開（18時間）

【生徒の関心や疑問】
多様な仕事が関連しあうことを知る活動から、様々な職業への関心を高め、訪問企業での活動に対する課題意識をもつようにする。

【教材について】
企業等と十分な協議を事前に行い、責任ある仕事に従事することで、十分な成果があがるような体験活動にする。

テーマ 時数		主な活動内容	集団	指導上の留意点
見えない仕事を意識する（3時間）		**仕事の広がりを調査(3時間)** ・仕事つながりを発想 （ブレーンストーミング・ウェビングマップ） ・関連企業の調査 （インターネット検索、求人票等） ・調査結果のまとめと発表 ・訪問企業候補の発表と希望調査	班 個人 班 クラス	・地元企業への興味を喚起し、仕事・職業の選択の幅を増やすことで、候補企業選定につなげる。
実習の目的を絞り込む（8時間）		**インターンシップガイダンス(1時間)** ・職業体験の意義を説明 ・単元計画と評価規準を説明	学年	・実習への見通しを持てるよう、具体的な活動をイメージするようにする。
		インターンシップの事前準備(6時間) ・訪問企業を調査 （インターネット検索、会社案内等） ・事前打合せの準備 ・訪問企業の担当者と事前打合せ （各自で訪問又は電話等で打合せ） ・実習の目的と具体的な活動のまとめ （ワークシート） ・事前準備の成果をクラスで発表	個人 クラス	・したい仕事以外からも学ぶことがあることを伝える。 ・実習の充実には事前準備が大切であることを意識させる。 ・生徒一人ひとりの実習の目的を明確にする。
		ビジネスマナー企業経営講座(1時間) ・会社訪問のマナーを学ぶ ・企業経営の視点を学ぶ （外部講師講座）	学年	・実習で必要なマナーを身に付け、実習への意識を高める。
実習する（夏休み中）		**インターンシップ（夏休み中の2日間）** ・就業体験、ジョブシャドウ ・社長からの経営講座 ・働く人の思いをインタビュー	個人	・生徒の実習先を巡回し、企業からの要望等にすぐに対処できる体制を整備する。
		体験レポートを作成（夏休み中）	個人	
体験を言葉で整理する（7時間）		**体験レポートの作成(2時間)** ・夏休み中の成果を班内で報告 ・体験レポートの作成を継続	班 個人	・班内で相互評価することで、修正すべきことを確認する。
		体験レポートの発表準備(3時間) ・発表原稿の作成と発表の練習 ・班内発表と班代表の選出 ・クラス内発表と代表選出	個人 班 クラス	・調査事項について、ポイントをおさえて発表できるよう指導する。
		体験レポート発表会(1時間) ・クラス代表が発表	学年	
		単元を振り返る(1時間) ・活動に対する自己評価	個人	

【教師の願い】
多様な職業に興味・関心を広げたい。
職場体験を通して、社会で求められている資質や能力及び態度について学ぶようにしたい。

【単元を終えた生徒の姿】
様々な体験活動を通して、企業活動の多様性に気付き、自らの能力を発揮し、どのように社会へ貢献するかを考えるようになって欲しい。

図5.11　単元名：第1学年「自分と社会のつながりを考える」

（出所）文部科学省（2011c: 106）

第5節　おわりに

　総合的な学習（探究）の時間について詳細に検討してきた。その結果，次の3点について指摘ができた。

　一つ目に，全国共通の基準によって総合的な学習（探究）の時間が展開されていること。具体的には，小中高校では学習指導要領に基づいて指導されること，また，指導する教員の養成では教職課程コアカリキュラムが活用されていることがわかる。

　二つ目に，総合的な学習（探究）の時間は指導方法についても特徴があり，課題の設定，情報の収集，整理・分析，まとめ・発表といった児童生徒の学習に対応するものとなることがわかる。

　三つ目に，これまでの学習指導案，全体計画，年間指導計画，単元計画など今後に活用できるものが多数あることがわかる。

　なお，各学校で育成をめざす各資質・能力に対してどの学習指導案，全体計画，年間指導計画，単元計画がとくに正の効果をもたらしたのか，エビデンスに基づく効果検証については，今後に残された課題である。

［林　尚示］

● 考えてみよう！

▶ 総合的な学習（探究）の時間の原理を理解するという知識的側面のねらいをふりかえり，獲得した知識をまとめてみよう。
▶ 総合的な学習（探究）の時間の年間指導計画が作成できるというスキル的側面のねらいについてふりかえり，実際に年間指導計画を作成してみよう。
▶ 総合的な学習（探究）の時間の価値を自覚して進んで学ぼうとするという態度・価値的側面のねらいについてふりかえり，思ったことをまとめてみよう。

● 引用・参考文献

教職課程コアカリキュラムの在り方に関する検討会（2017）「資料5　教職課程コ

アカリキュラム参考資料（案）」〈http://www.mext.go.jp/b_menu/shingi/chousa/
shotou/126/shiryo/__icsFiles/afieldfile/2017/07/25/1388304_5.pdf〉（2019 年 6 月 30
日最終閲覧）

高崎守司（2005）「自ら学び考える総合的な学習の時間の指導—伝承唄を教材にし
た総合的な学習の時間の展開—」『平成 16 年度　研究収録』奈良県立教育研究
所〈http://www.nps.ed.jp/nara-c/gakushi/kiyou/H16/H16tyouki（PDF）/10tyouki.pdf〉
（2019 年 5 月 28 日最終閲覧）

千葉県総合教育センター（2017）「学校の安全を守ろう〜○○ぼうえいたい〜（指
導者，土屋彩織，第 3 学年）」〈https://ap.ice.or.jp/_wakaba2013/_docs/2016/w16-
0103/w16-0103.pdf〉（2018 年 5 月 28 日確認）

栃木県総合教育センター，「総合的な学習の時間を利用したドラマスクール（第 3
学年）人権に関わる創作劇『My Dream』」〈http://www.tochigi-edu.ed.jp/hiroba/
plan/detail.php?plan=B999-0011〉（2018 年 5 月 28 日確認）

文部科学省（2011a）「今，求められる力を高める総合的な学習の時間の展開（小学
校編）」〈http://www.mext.go.jp/component/a_menu/education/detail/__icsFiles/
afieldfile/2011/02/17/1300459_6.pdf〉（2018 年 6 月 8 日確認）

文部科学省（2011b）「今，求められる力を高める総合的な学習の時間の展開（中学
校編）」〈http://www.mext.go.jp/component/a_menu/education/detail/__icsFiles/
afieldfile/2011/02/17/1300464_8.pdf〉（2018 年 6 月 8 日確認）

文部科学省（2011c）「今，求められる力を高める総合的な学習の時間の展開（高等
学校編）」〈http://www.mext.go.jp/component/a_menu/education/detail/__icsFiles/
afieldfile/2013/08/01/1338358_9.pdf〉（2018 年 6 月 8 日確認）

文部科学省（2017）『中学校学習指導要領（平成 29 年告示）解説　総合的な学習の
時間編』

文部科学省初等中等教育局財務課（2017）「通級による指導を受けている児童生徒
数の推移（障害種別／公立小・中学校合計）」〈http://www.soumu.go.jp/main_
content/000497035.pdf〉（2018 年 5 月 28 日確認）

Clare, Brian（2018）"What is curriculum management?"〈https://www.one45.com/
curriculum/what-is-curriculum-management/〉（2018 年 6 月 8 日確認）

Revington, Steve（2018）"Defining Authentic Learning"〈http://authenticlearning.
weebly.com/〉（2018 年 6 月 8 日確認）

第6章

総合的な学習（探究）の時間の 単元計画と評価

───● 本章のねらい ●───

　前章は，総合的な学習（探究）の時間の原理と年間指導計画という全体的な説明であったが，本章では単元計画，指導と評価というより細かい部分を見ていく。「探究的な見方・考え方を働かせ」という総合的な学習（探究）の時間の目標に沿うためにはどのようにしたらよいのかという点について，「考えるための技法」なども見ながら考えていきたい。

第1節　総合的な学習（探究）の時間の単元計画の前提と方法

1. 単元計画の前提

　小中学校は総合的な学習の時間，高等学校は総合的な探究の時間といわれるが，その目標には「探究的な見方・考え方を働かせ」とあるとおり，「探究」に力点があるとみられるであろう。

　学習指導要領における単元計画の前提となる事項を，小学校を例に挙げる（以下，本章では，原則として小学校学習指導要領（平成29年告示），『小学校学習指導要領（平成29年告示）解説　総合的な学習の時間編』を引用し，後者については『解説』と略す）。

> (4)　各学校において定める内容については，目標を実現するにふさわしい探究
> 　　課題，探究課題の解決を通して育成を目指す具体的な資質・能力を示すこと。
> (5)　目標を実現するにふさわしい探究課題については，学校の実態に応じて，
> 　　例えば，国際理解，情報，環境，福祉・健康などの現代的な諸課題に対応す
> 　　る横断的・総合的な課題，地域の人々の暮らし，伝統と文化など地域や学校
> 　　の特色に応じた課題，児童の興味・関心に基づく課題などを踏まえて設定す
> 　　ること。
> （文部科学省 2017a: 180）

　総合的な学習（探究）の時間の一番の特徴は，次の規定に示されている。

> 第3　指導計画の作成と内容の取扱い
> (3)　他教科等及び総合的な学習の時間で身に付けた資質・能力を相互に関連付
> 　　け，学習や生活において生かし，それらが総合的に働くようにすること。そ
> 　　の際，言語能力，情報活用能力など全ての学習の基盤となる資質・能力を重
> 　　視すること。
> （文部科学省 2017a: 181）

　つまり，さまざまな教科等で身に付けた資質・能力が「総合的」に働くよ
うにすることである。

2.　基本的な学習指導の方法

> (4)　自然体験やボランティア活動などの社会体験，ものづくり，生産活動など
> 　　の体験活動，観察・実験，見学や調査，発表や討論などの学習活動を積極的
> 　　に取り入れること。
> (5)　体験活動については，第1の目標並びに第2の各学校において定める目標
> 　　及び内容を踏まえ，探究的な学習の過程に適切に位置付けること。
> （文部科学省 2017a: 181）

　「観察・実験，見学や調査，発表や討論などの学習活動」を取り入れるこ
とも (4) からわかる。体験活動が，「活動あって学びなし」という状況にな
らないように規定されたものが (5) である。

学習形態については，次の項目がある。

---

(6)　グループ学習や異年齢集団による学習などの多様な学習形態，地域の人々の協力も得つつ，全教師が一体となって指導に当たるなどの指導体制について工夫を行うこと。
（文部科学省 2017a: 181）

第2節　総合的な学習の時間の単元計画の作成

1. 目標を実現するにふさわしい探究課題

　単元計画を作成するには，目標を実現するにふさわしい探究課題を設定する。『解説』によれば，その条件は，「探究的な見方・考え方を働かせて学習することがふさわしい課題であること」，「その課題をめぐって展開される学習が，横断的・総合的な学習としての性格をもつこと」，「その課題を学ぶことにより，よりよく課題を解決し，自己の生き方を考えていくことに結び付いていくような資質・能力の育成が見込めること」の三つである（文部科学省 2017b: 73）

　これに関して，『解説』では，次の学習課題を例として挙げている。

現代的な諸課題に対応する横断的・総合的な課題
・国際理解：地域に暮らす外国人とその人たちが大切にしている文化や価値観
・情報：情報化の進展とそれに伴う日常生活や社会の変化
・環境：身近な自然環境とそこに起きている環境問題
・福祉：身の回りの高齢者とその暮らしを支援する仕組みや人々
・健康：毎日の健康な生活とストレスのある社会　　など
　例示以外の課題についてとしては，
・資源エネルギー：自分たちの消費生活と資源やエネルギーの問題
・食：食をめぐる問題とそれに関わる地域の農業や生産者
・科学技術：科学技術の進歩と自分たちの暮らしの変化　　など

地域や学校の特色に応じた課題
・町づくり：町づくりや地域活性化のために取り組んでいる人々や組織
・伝統文化：地域の伝統や文化とその継承に力を注ぐ人々
・地域経済：商店街の再生に向けて努力する人々と地域社会
・防災：防災のための安全な町づくりとその取組　など

児童の興味・関心に基づく課題
・キャリア：実社会で働く人々の姿と自己の将来
・ものづくり：ものづくりの面白さや工夫と生活の発展
・生命：生命現象の神秘や不思議さと，そのすばらしさ　など

（文部科学省 2017b: 73-76）

中学校には次の課題も例として挙げられている。

職業や自己の将来に関する課題
・職業：職業の選択と社会への貢献
・勤労：働くことの意味や働く人の夢や願い　など　　　（文部科学省 2017c: 72）

2.　単元計画の考え方

　単元とは，「課題の解決や探究的な学習活動が発展的に繰り返される一連の学習活動のまとまり」という意味である。単元計画の作成とは，「教師が意図やねらいをもって，このまとまりを適切に生み出そうとする作業」であり，単元づくりは，「教師の自律的で創造的な営みである」と，『解説』では述べられている（文部科学省 2017b: 99）。

　単元計画を立てるに当たっては，学習指導要領の次の規定を踏まえる。

第3　指導計画の作成と内容の取扱い
1　指導計画の作成に当たっては，次の事項に配慮するものとする。
　⑴　年間や，単元など内容や時間のまとまりを見通して，その中で育む資質・

能力の育成に向けて，児童の主体的・対話的で深い学びの実現を図るようにすること。その際，児童や学校，地域の実態等に応じて，児童が探究的な見方・考え方を働かせ，教科等の枠を超えた横断的・総合的な学習や児童の興味・関心等に基づく学習を行うなど創意工夫を生かした教育活動の充実を図ること。

（文部科学省 2017a: 180）

　総合的な学習の時間の単元計画に際しては，『解説』では，①児童による主体的で粘り強い課題の解決や探究的な学習活動を生み出すには，児童の興味や疑問を重視し，適切に取り扱うこと，②課題の解決や探究的な学習活動の展開において，いかにして教師が意図した学習を効果的に生み出していくか，という二つのポイントを挙げている（文部科学省 2017a: 99-100）。

　①と関連して，「児童の関心や疑問は何かを丁寧に見取り，把握することが求められる」が，このため，「具体的には，日常生活の中での語りやつぶやき，日記やその他の日常生活の記録，保護者から寄せられた児童の様子など，児童の関心や疑問がうかがえる各種の資料を収集し，精査することが考えられる。あるいは，休み時間や給食の時間など，日常の何げない機会を捉え，児童と丁寧に会話する機会を設ける工夫なども有効である。会話の中で自分の考えや思いを語り，無自覚だった関心や疑問を児童自身が自覚することもある」という例が挙げられている（文部科学省 2017a: 100）。

　②に関しては，「学校の池をビオトープにしよう」という具体例が示されている（文部科学省 2017b: 101-102）。

　なお，総合的な学習の時間においては，「一つの単元の中で複数の内容が見込まれることも考えられる」ため，「教材研究においても，できるだけ幅広く，拡散的に思考を巡らせていくことが重要」であり，**図6.1** のように「拡散的に探索する手法」を用いることも行われる（文部科学省 2017b: 103）。これは，児童生徒が探究したいアイデアを整理したり，得られた情報を構造化する場合にも広く用いられる（文部科学省 2013a）。この手法は，見た目がクモの巣のようなので，ウェビング（webbing）とよばれる。

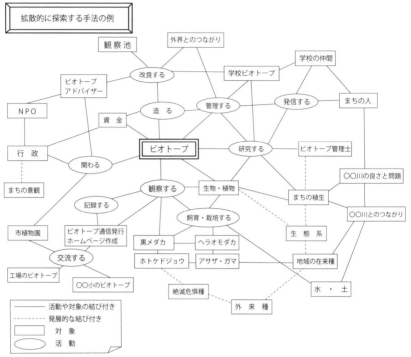

図 6.1　拡散的に探索する手法の例

（出所）文部科学省（2017b: 103）

3. 単元計画としての学習指導案

　単元計画としての学習指導案の項目は次の通りである。

---

①単元名　②単元目標　③児童（生徒）の実態　④教材について　⑤単元の展開
（文部科学省 2017b: 104）

　上記④の「教材」とは，「児童の学習を動機付け，方向付け，支える学習の素材のこと」である。教材について記すに当たっては，「教材の紹介にとどまらず，児童がその教材に出会うことによって学ぶ学習事項について分析

し，教材のどこに価値があるのかを具体的に記すことが大切である。」と説明されている（文部科学省 2017b: 104）。

　児童生徒の探究学習を行っていくならば，総合的な学習（探究）の時間は当初の年間指導計画・単元計画通りには進まない。それについて，『解説』では「総合的な学習の時間では，いかに周到に単元計画を作成しても，教師が想定した以上の児童らしい発想や追究の姿が見られることがある。また，児童の探究の方向性や課題の捉え方に教師の想定とのずれが生じて，計画通りに展開しない場合や育成を目指す資質・能力の高まりが見られない場合がある。あるいは，児童の取組や思考が停滞して，次の段階へ進むことが困難になることもある。(中略) そこで，児童の探究の様子や意識の流れ等を常に捉え，当初作成した年間指導計画や単元計画を見直し，修正をしていくことが必要になる。」としている（文部科学省 2017b: 106）。

　単元計画の通りに進めることにとらわれすぎず，柔軟な対応をすることが，総合的な学習（探究）の時間ではとくに求められる。

第3節　総合的な学習（探究）の時間の学習過程

1. 教師の適切な指導

　総合的な学習（探究）の時間の学習指導の基本的な考え方は，「児童（生徒）の主体性の重視」「適切な指導の在り方」「具体的で発展的な教材」の三つである。総合的な学習（探究）の時間は，児童生徒の主体性を重視する時間であるが，「学習の広がりや深まり」のためには，教師の適切な指導が必要である。そして，充実した学習活動を展開していくためには，適切な教材（学習材）が用意されていることが欠かせない（文部科学省 2017b: 109）。

　この「適切な指導」と関連して，教師の指導については，次の規定がある。

(1)　第2の各学校において定める目標及び内容に基づき，児童の学習状況に応じて教師が適切な指導を行うこと。　　　　　　　　（文部科学省 2017b: 181）

　総合的な学習の時間の創設には，大正自由教育をはじめとするさまざまな「総合学習」が基になっている。その代表的な事例として，奈良女子高等師範学校附属尋常小学校における木下竹次（1872-1946）の「合科学習」がある。これと今日の総合的な学習の時間の教師の指導方法の違いを考えてみよう。

　木下は，教師本位の教育から脱却し子ども本位の教育を行うという，児童に自律的な学習を展開すべきだという考えがあった（内藤 2002: 15）。これを具体的に示す実践として，次の奈良女高師附属小，第一学年四月の次のような実践例がある。

訓導　今日は何がしたい。
児童　野原にいきたい。
訓導　何処の野原？
児童　法蓮へ行きませう。
児童　停車場跡へ行きませう。
と口々に言って，手をたたいて喜ぶので法蓮の停車場跡に行くことにする。目的地に着くと，訓導は何の作業も命じないで児童を思い切り遊ばせる。蓮華草を摘むもの，砂山に駆け登るもの，それぞれ思い思いに遊んでいたが，二十分もすると児童は訓導のもとへ集まってくる。
児童　先生，何をしますの。
訓導　もっとお遊び。昼まで精出してお遊び，笛がなるまでお遊び。
児童は一斉に駆け出す。
今度は十分経つと，児童は再び訓導を囲み出す。
児童　先生，何をしますの。
訓導が何も答えず黙っていると，児童は相談を始める。
児童　花採ってもいいの。
児童　蜻蛉捕えてもいいの。
児童　写生してもいいの。
訓導　はあ，何してもいいのよ，好きなことしてお遊び。
児童は喜んで走って行く。
児童　先生，花は摘みましたがどうしませう。
訓導　さあ，どうしませうかね。折角だから花束にでもしてお母様のお土産にしますかね。
児童　花ちゃん，此のタンポポ，五本あげるから，あなたのスミレを三本ちや

うだい。

児童　三郎くん，僕のレンゲサウを十本やるから，君のミヤコグサを七本くれたまえ。

児童　先生，これでいいの，見て頂戴。

訓導　やあ，きれいだね。どうしてこしらえたの。

児童　僕がレンゲサウを三十本持ってたから，三郎君に十本あげました。そして，三郎君からミヤコグサを七本貰って作ったのです。

訓導　ああ，それで美しくなったね。ぢや君はもうレンゲサウが何本になったのだ。一つ，ここらに居る人に訊いてごらん。

児童　花子さん，太郎さんはレンゲサウを何本もっていますか。

児童　二十本です。

訓導　さうですね。　　　　　　　　　　　　　　　　　　　　（以下略）

（奈良女子高等師範学校附属小学校研究会 1923: 43-45。引用は，内藤 2000: 17-19）

　この後，訓導が写生を行っている児童のところに行くと汽車が通り，訓導が「命じなくとも」さまざまな遊戯や唱歌が行われ，過去の汽車に関する経験が語り合われた。

　後日の教室で，この体験談が話し合われ，写生した図画の鑑賞や意見交換をした後，教室のあちこちで，「先生，ハという字はどう書きますの」「ナという字は」という質問が起こり，教師が児童たちに五十音図から文字をさがさせる。こうして一学期の終わりまでに自分の思っていることを片仮名で書けるようになる様子が描写されている（奈良女子高等師範学校附属小学校研究会 1923: 43-45。引用は，内藤由佳子 2000: 17-19）。

　訓導（今日の教諭）は，「もっとお遊び」という。ところが，理科や生活科ともいうべき自然体験をするうちに算数を学び，写生という図画工作を学び，遊戯や唱歌という体育や音楽を学ぶ。そして，後日，これらの体験を話し合いながら片仮名の書き方を学ぶことによって，学習が国語につながる。

　総合的な学習の時間が始まった当初，この訓導が最初に行ったのと同じように児童に自然体験をさせるが何も教えないという実践が行われたことがある。しかし，この実践をよく読むとわかるように教師は児童と関わりあっている。また，後日教室での指導も行っている。教師は児童に自由に活動させ

ているように見えながら，指導が行われている。児童の自立性を尊重する，すなわち指導をしないようにしながら実は学習をしているというのは，実は緻密で高度な指導力があってできることである。

　学習指導要領で前述の「体験活動を探究的な学習の過程に適切に位置付ける」ということや「児童の学習状況に応じて教師の適切な指導を行うこと」というこの規定は，木下竹次のような実践を表面的に真似て放任になることを諌めている。児童に自主的に体験をさせたとしてもその体験活動が探究という学習につながらないのならば，教師が働きかける必要がある。

2.　日常生活や社会との関わりと教材

　総合的な学習（探究）の時間に求められる教材は，①児童の身近にあり，観察したり調査したりするなど，直接体験をしたり繰り返し働きかけたりすることのできる具体的な教材であること，②児童の学習活動が豊かに広がり，発展していく教材であること（一つの対象から次々と学習活動が展開し自然事象や社会事象へと多様に広がり学習の深まりが生まれること，身近な事象から現代社会の課題等に発展していくことなど），③実社会や実生活について多面的・多角的に考えることができる教材であることである。②については，「実際の生活の中にある問題や事象を取り上げることが効果的である」が，「例えば，食生活の問題を取り上げたとしても，そこから自然環境の問題や労働問題，食料自給率の問題などが見えてくる」というように，「身近にある具体的な教材，発展的な展開が期待される教材であることが望まれる」とされている（文部科学省 2017b: 110）。これは，学習指導要領にある，

⑶　各学校において定める目標及び内容については，日常生活や社会との関わりを重視すること。　　　　　　　　　　　　　　　　（文部科学省 2017a: 179）

という項目を具体的に指導するものであるといえる。

3. 探究的な学習の過程における「主体的・対話的で深い学び」

　『解説』によれば，探究的な学習とは，「日常生活や社会に生起する複雑な問題について，その本質を探って見極めようとする学習のことであり，問題解決的な活動が発展的に繰り返されていく一連の学習活動のことであ」る（文部科学省 2017b: 111）。小学校学習指導要領第2の3の (6) のイにあるとおり，「課題の設定」「情報の収集」「整理・分析」「まとめ・表現」の過程を探究的な学習の過程とみている（文部科学省 2017a: 180）。主体的・対話的で深い学びは，必ずしも1単位時間の授業の中ですべてが実現されるものではなくてもよく，小学校学習指導要領第3の1の (1) にもある通り，単元など内容や時間のまとまりの中で実現するようにしていく（文部科学省 2017b: 35）。

　そして，「主体的・対話的で深い学び」の視点について，次の点を挙げている（文部科学省 2017b: 111-113）。

　「主体的な学び」とは，「学習に積極的に取り組ませるだけでなく，学習後に自らの学びの成果や過程を振り返ることを通して，次の学びに主体的に取り組む態度を育む学び」である。「学習したことをまとめて表現し，そこからまた新たな課題を見付け，更なる問題の解決を始めるといった学習活動を発展的に繰り返していく」という学習過程の中で，児童が主体的に学んでいくうえでは，「課題設定と振り返りが重要となる」としている。「主体的な学び」では，言語によりまとめたり表現したりする学習活動として，「文章やレポートに書き表したり，口頭で報告したりすることなど」が挙げられている。

　「対話的な学び」とは，「他者との協働や外界との相互作用を通じて，自らの考えを広げ深めるような学び」であり，「一人でじっくりと自己の中で対話すること，先人の考えなどと文献で対話すること，離れた場所をICT機器などでつないで対話すること」などの場合も挙げられている。

　「深い学び」については，探究的な学習の過程で，「各教科等で身に付けた「知識及び技能」，「思考力，判断力，表現力等」の資質・能力を活用・発揮する学習場面を何度も生み出すことが期待できる」と説明しているが，教科等の学習の意義が実感できるためにもこの点は重要な指摘であるといえよう。

4．探究的な学習の指導のポイント

（1）学習過程を探究的にすること

　先にも述べたとおり，探究的な学習では，以下のような学習過程となる。

【①課題の設定】　体験活動などを通して，課題を設定し課題意識をもつ

【②情報の収集】　必要な情報を取り出したり収集したりする

【③整理・分析】　収集した情報を，整理したり分析したりして思考する

【④まとめ・表現】　気付きや発見，自分の考えなどをまとめ，判断し，表
　　　　　　　　　現する。

　こうした探究の過程は順番が前後することもあるし，一つの活動の中に複数のプロセスが一体化して同時に行われる場合もある。そして，この探究の過程は何度も繰り返され，高まっていく（文部科学省 2017b: 114-115）。

　『解説』には身近な川を対象にして探究を行う例が掲載されている（文部科学省 2017b: 115-119）。探究の具体例がわかるようになっていて興味深いが，ここでは，その中から実社会でのスキルにつながっている，大人も考えなければならない2点の留意事項を挙げておく。

　一つは，③情報の整理・分析に関することである。今日，図書検索をし，インターネットを検索すれば，無数の情報が集まることは，多くの人が経験していることであろう。この点は児童生徒も同様である。しかし，その情報が事実・真実であるとは限らない。『解説』では，「児童は，図書やインターネット等で示されている情報をそのまま客観的な事実であると捉えがちである。しかし実際には，統計などの客観的なデータや当事者が公式に発表している一次情報だけでなく，誰かの個人的な意見であったり，他所からの転用であったりする情報も多い」ので，情報を吟味することの必要性について考えさせることが重要であると述べている（文部科学省 2017b: 118）。これは児童に対する指導事項であるが，大人も陥りがちなことである。実社会でのこのような過ちをなくしていくためにも，総合的な学習（探究）の時間の探求の過程における情報リテラシーの学習は重要である。

　もう一つは，④まとめ・表現に関することである。『解説』では，まとめ・表現の方法として，レポート，新聞（壁新聞など），ポスター（ポスターセッシ

ョンのポスターのこと），写真・グラフ・図などを使ってプレゼンテーションとして表現すること，「文章表現はもちろん，図表やグラフ，絵，音楽などを使い，それらを組み合わせて表現することなど」を挙げている（文部科学省 2017b: 118-119）。表現手段としては絵や音楽までも含めて広く考えたい。

　まとめ・表現で配慮することとして，①「相手意識や目的意識を明確にしてまとめたり，表現したりすること」，②「まとめたり表現したりすることが，情報を再構成し，自分自身の考えや新たな課題を自覚することにつながるということ」，③「伝えるための具体的な方法を身に付けるとともに，それを目的に応じて選択して使えるようにすること」を挙げている（文部科学省 2017b: 119）。

　①と③であるが，児童が学習の成果を発表する場合に，学校内の同学年の友達，下級生，上級生，自分たちの学校のことをよく知らない他校の児童，自分たちの学校の先生，地域の人や保護者という対象によって，説明の仕方は違ってくる。下級生から上級生までさまざまな学年の児童（友達）がいる場合などはどうしたらよいであろうか。大人でも，会議や説明会・講演会など複数の人を対象に説明をする場合，どのような人を対象として想定しており，どのようなプレゼンテーションの方法がベストであるかよく考えているであろうか。総合的な学習（探究）の時間の発表・プレゼンテーションは，この点を学習する機会になる。

　②の情報を再構成することが「自分自身の考えや新たな課題を自覚することにつながる」ということは，探究の本質である。大学の卒業研究などで，このような経験をすることがあるが，それを小・中・高等学校の児童生徒に体験させることになる。KJ法（川喜多二郎が提唱した情報の整理法。付箋などのカードに記入した項目を模造紙などの上で分類・整理することにより新たな発想を生む発想法でもある）や後述する考えるための技法（思考ツール）などもこのことを実施できる手法である。これらは，実社会のさまざまな場面で実際に活用されていることである。

　先に「実社会との関わり」について説明したが，内容や探究課題だけでなく，探究的な学習の過程そのものやその手法が実社会につながっていること

が，今日の総合的な学習（探究）の時間の意義であるといえる。

(2) 他者と協働して主体的に取り組む学習活動にすること

　『解説』には，協働的に学ぶことの意義として，①多様な情報を活用して協働的に学ぶ，②異なる視点から考え協働的に学ぶ，③力を合わせたり交流したりして協働的に学ぶ，④主体的かつ協働的に学ぶの四つが挙げられ，それぞれについて具体的な事例が挙げられている（文部科学省 2017b: 119-123）。その事例はいずれも興味深いが，ここでは②に示されている次の事例を取り上げる。

> 　例えば，米作りの活動を行う際に，農薬の使用について話し合う場面が考えられる。農薬の使用は，米を順調に生育させ，病害虫などから守る役目がある。一方で，農薬を使用しないことに価値を見いだしている農家も存在する。実際に米作りの体験をしたり，生産者の苦労などを直接聞き取ったり，農作物の成長や農薬の科学的な働きを調べたりした上で話合いを行うと，異なる視点での意見が出され，互いの考えを深めることにつながっていく。このことにより，農薬の使用がどのような理由で行われているのか，そのことが食糧生産や農業事情と深く関わっていることなど，児童の幅広い理解と思考の深まりを生む。
> 　このように異なる視点を出し合い，検討していくことで，事象に対する認識が深まり，学習活動を更に探究的な学習へと高めていくことが考えられる。
>
> 　　　　　　　　　　　　　　　　　　　　　　　（文部科学省 2017b: 121）

　上記の引用の最後に「異なる視点を出し合い，検討していくことで，事象に対する認識が深ま」るとある通り，児童生徒の異なる視点を積極的に生かしていくことが考えられる。

　アクティブ・ラーニングの手法にジグソー法がある。ここに掲載されている事例はジグソー法そのものではないが，それに似た学習が展開されている。

　ジグソー法とは，「ピースを合わせて全体を完成させるジグソーパズルが用語の由来」である（中井 2015: 170）。以下，中井俊樹（2015）と溝畑保之（2016）の説明を参考にしながら説明する。たとえば，世界地理を学ぶとすると，学級全体を4人ずつの班に分ける。この班をジグソー班という。4人の

中でAさんはアジア担当，Bさんはヨーロッパ担当，Cさんはアメリカ担当，Dさんはオセアニア担当というように担当を決める。そうしたら，全部の班からアジア担当，ヨーロッパ担当，アメリカ担当，オセアニア担当というように担当別に集まるが，この班をエキスパート班という。エキスパート班では，自分の担当する地域を深く学ぶ。その後，各メンバーが自分のジグソー班に戻り，自分の班のメンバーにAさんはアジアを，Bさんはヨーロッパを，Cさんはアメリカを，Dさんはオセアニアを教える。このように各班員が異なる事柄を深く学び，それを自分の班のメンバーに教えて，学んだことを共有する方法がジグソー法である。

　『解説』の事例について，農薬を使う農家を調査する班と農薬を使わない農家を調査する班にグループ分けをして，聞き取りなどの調査を行う。調査後にそれぞれの班が発表を行ったうえで両者の比較を行うと，他の班の調査結果からも深く学ぶことができ，ジグソー法に近い方法で実施することができる。このように，さまざまな視点から探究を行うことも総合的な学習（探究）の時間の意義である。

5.　考えるための技法

> (2)　探究的な学習の過程においては，他者と協働して課題を解決しようとする学習活動や，言語により分析し，まとめたり表現したりするなどの学習活動が行われるようにすること。その際，例えば，比較する，分類する，関連付けるなどの考えるための技法が活用されるようにすること。
>
> （文部科学省 2017a: 181）

　先に示した探究的な学習過程の②整理・分析で考えられる情報の整理や分析の方法として，「数値化された情報であれば，統計的な手法でグラフにすることが考えられる。グラフの中にも，折れ線グラフ，棒グラフ，円グラフなど」が，「言語化された情報であれば，カードにして整理する方法，出来事を時間軸で並べる方法，調査した結果をマップなどの空間軸に整理する方法など」が考えられ，「情報に応じて適切な整理や分析の方法が考えられる

とともに，その学習活動によって，どのように考えさせたいのかが問われる」
としている。また，国語科の「情報の扱い方」や算数科の「データの活用」
をはじめさまざまな教科での学習成果が生かされることも期待されている（文
部科学省 2017b: 118）。

　ここにある「考えるための技法」について，『解説』には，次のものが例
示されている。

○順序付ける
・複数の対象について，ある視点や条件に沿って対象を並び替える。
○比較する
・複数の対象について，ある視点から共通点や相違点を明らかにする。
○分類する
・複数の対象について，ある視点から共通点のあるもの同士をまとめる。
○関連付ける
・複数の対象がどのような関係にあるかを見付ける。
・ある対象に関係するものを見付けて増やしていく。
○多面的に見る・多角的に見る
・対象のもつ複数の性質に着目したり，対象を異なる複数の角度から捉えたり
　する。
○理由付ける（原因や根拠を見付ける）
・対象の理由や原因，根拠を見付けたり予想したりする。
○見通す（結果を予想する）
・見通しを立てる。物事の結果を予想する。
○具体化する（個別化する，分解する）
・対象に関する上位概念・規則に当てはまる具体例を挙げたり，対象を構成す
　る下位概念や要素に分けたりする。
○抽象化する（一般化する，統合する）
・対象に関する上位概念や法則を挙げたり，複数の対象を一つにまとめたりす
　る。
○構造化する
・考えを構造的（網構造・層構造など）に整理する。

（文部科学省 2017b: 84-85）

　「比較する」や「分類する」を可視化する方法としては，例えば，事柄を一つずつカードや付箋紙に書き出し，性質の近いものを一カ所に集めるという手法などがある。共通する性質を見いだすことは「抽象化する」ことにつながる。「分類する」については，児童の発達の段階や習熟の状況に応じて，縦軸と横軸を設定して4象限に書き込んだりすることも考えられる。また，関連付けるを可視化する方法として，例えば，ある事柄を中央に置き，関連のある言葉を次々に書き出し，線でつないでいくという方法（いわゆるウェビング）などが考えられる。
（文部科学省 2017b: 86）

　「考えるための技法」を用いた思考を可視化する「思考ツール」を活用することで，整理・分析場面の学習活動の質を高めることができる（文部科学省 2017b: 118）。この思考ツールを紹介した書籍として，次の2冊を挙げておく。

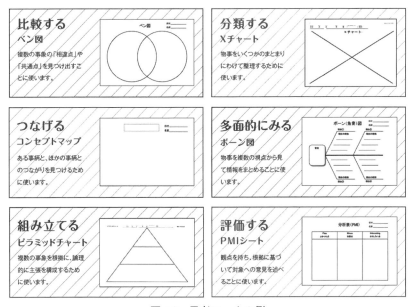

図6.2　思考ツールの例

（出所）関西大学初等部ホームページ（2019）

・田村学・黒上晴夫（2013）『考えるってこういうことか！　思考ツールの授業（教育技術 MOOK）』小学館
・関西大学初等部（2014）『思考ツールを使う授業　関大初等部式思考力育成法教科活用編』さくら社

　関西大学初等部は，思考ツールをホームページで公開しているので，それを示す（**図6.2**）。詳細は上記書籍を参照されたい。

　また，ウェビング図，レーダーチャート，KJ 法的な手法，4 象限に分けて多面的に分析する手法などについては，文部科学省のホームページでも紹介されている（文部科学省 2013）。

6.　学校図書館の利用・他の学校との連携など

> ⑺　学校図書館の活用，他の学校との連携，公民館，図書館，博物館等の社会教育施設や社会教育関係団体等の各種団体との連携，地域の教材や学習環境の積極的な活用などの工夫を行うこと。　　　　　（文部科学省 2017a: 181-182）

　総合的な学習の時間における探究的学習の過程では，学校図書館やコンピュータ室などが活用される。

　他の学校との連携については，『解説』には，中学校の学習への連続的・発展的な展開が指摘されている。また，他の学校との連携では，「同じ河川流域の学校間で水生生物の生息調査を協働して行い，その結果を共有化して活用するなどの連携によって，学習活動に必要な情報を効率的に集める」という事例が挙げられている。

　また，異なる学校を，直接的な交流や ICT を活用した遠隔交流などにより結んで行う協働的な学習についても紹介されている（文部科学省 2017b: 59）。

7.　ICT の活用

　小学校学習指導要領において，コンピュータ等や教材・教具の活用，コンピュータの基本的な操作やプログラミングの体験，いわゆる ICT の活用については，第 1 章第 3 の 1 の ⑶ で規定されているが（文部科学省 2017a: 22），

総合的な学習の時間では以下にあるように，「情報を収集・整理・発信するなどの学習活動」が行われるため，それについて（3）と（9）で言及している。

---

(3)　探究的な学習の過程においては，コンピュータや情報通信ネットワークなどを適切かつ効果的に活用して，情報を収集・整理・発信するなどの学習活動が行われるよう工夫すること。その際，コンピュータで文字を入力するなどの学習の基盤として必要となる情報手段の基本的な操作を習得し，情報や情報手段を主体的に選択し活用できるよう配慮すること。

(9)　情報に関する学習を行う際には，探究的な学習に取り組むことを通して，情報を収集・整理・発信したり，情報が日常生活や社会に与える影響を考えたりするなどの学習活動が行われるようにすること。第1章総則の第3の1の(3)のイに掲げるプログラミングを体験しながら論理的思考力を身に付けるための学習活動を行う場合には，プログラミングを体験することが，探究的な学習の過程に適切に位置付くようにすること。

(文部科学省 2017a: 181-182)

　情報を収集・整理・発信することについては，『解説』では，次のような点を注意するように挙げているので抜粋して紹介する。

　まず，「情報の収集においては，その情報を丸写しすれば，児童は学習活動を終えた気になってしまうことが危惧される」とあるが，これは，大学生やそれ以上の大人でもしてしまうことがある。『解説』では，「実際に相手を訪問し，見学や体験をしたりインタビューをしたりするなど，従来から学校教育においてなされてきた直接体験を重視した方法による情報の収集を積極的に取り入れたい。それらの多様な情報源・情報収集の方法によってもたらされる多様な情報を，整理・分析して検討し，自分の考えや意見をもつことができるように探究的な学習の過程をデザインすることが大切である」（文部科学省 2017b: 52-53）とあるが，これ以外に一次情報の重要性とその価値を児童生徒に理解させることが重要ではないだろうか。

　また，『解説』には，「引用の仕方や出典の示し方」という著作権に関する事項にも言及がある。情報を発信する学習において，他者の作成した情報を参考にしたり引用したりする場合には，情報の作成者の権利を尊重し，引用

した情報であることが分かるように転載し，出典を明記することが必要であり，第3学年及び第4学年の国語科において学習する「引用の仕方や出典の示し方」との関連が示されている（文部科学省 2017b: 53）。これについても，大学生のレポートのみならず，それ以上の大人でも出典を明記しないまま他の文章を引用して，報告書を作成したり書籍を執筆したりということがときどき報道される。このようなことが起きないようにする学習もメディア・リテラシーであり，実社会と関連する学習なのである。

　なお，プログラミングについては，『小学校学習指導要領解説　総合的な学習の時間編』には，カプセルトイとジュースの自動販売機を比較することにより，「自動販売機の中で「プログラム」が動いていることを知り，身近な生活の中には，プログラムで動いていると想像されるものがたくさんあることに気付く。(中略) プログラムは「機械の中にあるもの」，「機械に人間が考えた動きをさせるための命令であること」，「効率的に，順序立てた命令文の積み重ねであること」などを理解する」という学習，電気・水道・公共交通機関などのライフラインを維持するためにプログラムが働いていること，AI（人工知能）やビッグデータの活用，ロボットの活用によって「私たちの生活がより快適になり効率的になっていくことに気付いていく」という事例が例示されている（文部科学省 2017b: 64）。この事例は文部科学省『小学校プログラミング教育の手引（第二版）』にも掲載されている（文部科学省 2018: 26-31）。しかし，この事例は小学生が探究するには難しすぎないだろうか。自分たちの探究の成果を，表計算ソフトでグラフにする，プレゼンテーションソフトで発表する，アニメーションソフトを用いて動画にする，音楽ソフトを用いて作曲し音楽として発表するなど，表現の中でプログラミング的思考を学習することができるのではないだろうか。

8. 国際理解教育

(8)　国際理解に関する学習を行う際には，探究的な学習に取り組むことを通して，諸外国の生活や文化などを体験したり調査したりするなどの学習活動が行われるようにすること。　　　　　　　　　　（文部科学省 2017a: 180）

　これは小学校学習指導要領の規定であるが，この時間にスキルの習得に重点を置くなどの外国語の学習を行うことは，ふさわしくないとされている。

　しかし，総合的な学習の時間が創設された 1998（平成 10）年版の学習指導要領では，「国際理解に関する学習の一環としての外国語会話等を行うときは，学校の実態等に応じ，児童が外国語に触れたり，外国の生活や文化などに慣れ親しんだりするなど小学校段階にふさわしい体験的な学習が行われるようにすること」という規定があった（ちなみに，当時は，総合的な学習の時間は独立した章ではなく，「第 1 章　総則」の中で規定されていた）（文部科学省 1998）。

　当時は，小学校には外国語も外国語活動もなかったため，「国際理解に関する学習の一環としての外国語会話」という形で英会話をはじめとする外国語会話の学習を導入するという形で"ソフト・ランディング"を図ったのであろう。このような時代の学習指導要領との混同を避けるために，このような規定があるのだと思われる。

　『解説』には，「地域に暮らす外国人や外国生活経験者に協力を得て，諸外国の料理を作って食べる体験を通して，食材の違いや気候・風土との関係について考えたり，食べ方の習慣とその歴史や文化について調べたり，我が国の習慣や文化と比べたり，体験したことを議論したり発表したりする」，「地球温暖化や食料の輸出入の問題のように，価値が対立する問題」を生かして，「世界中には多様な考え方や価値が存在することを実感できるような場面を設定する」などの学習が例示されている（文部科学省 2017b: 61）。児童は食べ物の学習を非常に喜び，盛り上がる。しかし，「おいしかった」「楽しかった」で終わってしまい，学習としては何も残らないという場合が多いといわれている。そのため，この例示のように，食べ物に基づいて，気候や風土，文化や歴史，地球温暖化や食料の輸出入などの課題につなげ，食べ物の体験を探究の過程に適切に位置付けることが必要である。

第 4 節　総合的な学習（探究）の時間の学習状況に関する評価

1.　総合的な学習（探究）の時間の評価の原則

　総合的な学習（探究）の時間の評価については，学習指導要領に，

> （2）　全体計画及び年間指導計画の作成に当たっては，学校における全教育活動
> との関連の下に，目標及び内容，学習活動，指導方法や指導体制，学習の評
> 価の計画などを示すこと。　　　　　　　　　　　　（文部科学省 2017a: 179-180）

とあるように，学校ごとにその計画を示す。そして，『解説』に次の通りあ
るように，評定による評価は行わない。
　「総合的な学習の時間の評価については，この時間の趣旨，ねらい等の特
質が生かされるよう，教科のように数値的に評価することはせず，活動や学
習の過程，報告書や作品，発表や討論などに見られる学習の状況や成果など
について，児童のよい点，学習に対する意欲や態度，進歩の状況などを踏ま
えて適切に評価することとし，例えば指導要録の記載においては，評定は行
わず，所見等を記述することとしてきた」（文部科学省 2017b: 124）。
　この趣旨から，ペーパーテストなどにより，数値的に評価することも適当
ではないとされている（文部科学省 2017b: 126）。

2.　ポートフォリオ評価

　数値によらない評価として，総合的な学習の時間に行われてきた評価に，
ポートフォリオ評価がある。
　ポートフォリオ（portfolio）とは，もともとは「携帯用書類入れ」という意
味であったが，そこから転じて，一般的には「経済主体（企業・個人）が所
有する各種の金融資産の組み合わせ」，「金融資産を運用する際に，安全性と
収益性を両立させるように組み合わせることでリスクを分散させる投資手法」
である「ポートフォリオ - セレクションの略」という金融の分野で用いられ

る用語である。しかし，「写真家やデザイナーなどは自分の作品をまとめたもの」という意味もある（松村明・三省堂編修所編 2006: 2332）。

　教育実践の分野で用いられるポートフォリオの意味はこの最後の意味に近く，メモ，授業で児童生徒が記入したプリント，作文，レポート，絵画，作品の写真，他の児童生徒や教師・保護者のプリント，インタビューの結果や撮影した写真，プレゼンテーション資料などを整理してファイルしたものである。音声や動画のデータを CD-ROM などに保存してファイルすることもできる。紙媒体をファイルしたポートフォリオのほかに，これらをデジタルデータにしてパソコンのファイルにまとめたデジタル・ポートフォリオもある。

　このファイルを使って，ポートフォリオ検討会（カンファレンス）を行い，自分でその結果を振り返る自己評価と教師による評価を組み合わせて評価する。ポートフォリオ検討会では他の児童生徒や保護者が参加することもある。この評価を継続的に実施していく。このように，ポートフォリオ評価は質的な評価である（樋口 2009: 137-139，西岡 2007: 118-119）。

　ポートフォリオ評価は，主観的な自己評価を，教師やその他の人々のコメントを加えて客観視することができる。自己の成長が確認できると同時に，今後の学びの方向を知ることができることにその意義があるといえよう。

3．児童生徒の学習状況の評価
　総合的な学習の時間の評価については，「目標に準拠した評価」が行われる。『解説』によれば，「総合的な学習の時間の評価では，各学校が自ら設定した観点の趣旨を明らかにした上で，それらの観点のうち，児童の学習状況に顕著な事項がある場合などにその特徴を記入する等，児童にどのような資質・能力が身に付いたかを文章で記述することとしている」とあり，「学習指導要領に示された総合的な学習の時間の目標（第1の目標）を踏まえ，各学校の目標，内容に基づいて定めた観点による観点別学習状況の評価を基本とすることが考えられる」とあるが，これが「目標に準拠した評価」である（文部科学省 2017b: 125）。

　評価規準を設定する際の基本的な考え方や作業手順については，「まず，

各学校の全体計画や単元計画を基に，単元で実現が期待される育成を目指す資質・能力を設定する。（中略），総合的な学習の時間の目標や内容について各学校が設定する際には，年間や単元を通してどのような資質・能力を育成することを目指すかを設定することとしている。このため，評価規準については，年間や単元を通して育成したい資質・能力をそのまま当てはめることができる。そして，各観点に即して実現が期待される児童の姿が，特に実際の探究的な学習の場面を想起しながら，単元のどの場面のどのような学習活動において，どのような姿として実現されるかをイメージする」と説明されている（文部科学省 2017b: 126）。

　学習状況の評価の方法については，「信頼される評価の方法であること」「多面的な評価の方法であること」「学習状況の過程を評価する方法であること」の三つを求めている（文部科学省 2017b: 126-127）。

　「多面的な評価」，すなわち，「児童生徒の成長を多面的に捉える」ためには，「多様な評価方法や評価者による評価を適切に組み合わせること」が提案されており，例として，次のものが挙げられている（文部科学省 2017b: 126-127）。

・発表やプレゼンテーションなどの表現による評価
・話合い，学習や活動の状況などの観察による評価
・レポート，ワークシート，ノート，絵などの制作物による評価
・学習活動の過程や成果などの記録や作品を計画的に集積したポートフォリオを活用した評価
・評価カードや学習記録などによる児童の自己評価や相互評価
・教師や地域の人々等による他者評価　など　　　　　（文部科学省 2017b: 127）

　学習の結果だけでなく，「学習状況の過程を評価」するためには，「評価を学習活動の終末だけではなく，事前や途中に適切に位置付けて実施すること」，「学習活動前の児童の実態の把握，学習活動中の児童の学習状況の把握と改善，学習活動終末の児童の学習状況の把握と改善という，各過程に計画的に位置付けられること」，そして，「児童の実態や学習状況を把握したことを基に，適切な指導に役立てること」が述べられている（文部科学省 2017b: 127）。こ

れは，いわゆるブルーム（B.Bloom）の診断的評価，形成的評価，総括的評価
に相当する。

　その他，総合的な学習の時間の評価では，「グループとしての学習成果に
着目するのではなく，一人一人の学びや成長の様子を捉える必要がある。そ
うした評価を行うためには，一人一人が学習を振り返る機会を適切に設ける
ことが重要である」としている（文部科学省 2017b: 127）。これは，個人内評
価の活用といえるであろう。また，**2. ポートフォリオ評価**で述べた，ポー
トフォリオ検討会（カンファレンス）の場で行うこともできる。

　なお，「評価規準や評価資料を検討して妥当性を高めること」をモデレー
ションという（文部科学省 2017b: 127）。

4. 総合的な学習の時間の評価の実際

　国立教育政策研究所『「指導と評価の一体化」のための学習評価に関する
参考資料　小学校　総合的な学習の時間』（平成 23 年 7 月）に所収されている
事例から，第 4 学年「川の美しさを取り戻そう」という単元を転載するので，
評価の実際を検討してみてほしい。

　掲載にあたって後半を省略したので，できれば実際の資料にあたって，全
文を読んでみてほしい。

［鈴木　樹］

総合的な学習の時間　　事例3
キーワード　指導と評価の計画，「思考・判断・表現」の評価，児童の学習の姿と見取り

単元名	内容のまとまり
川の美しさを取り戻そう（第4学年）	「環境」（全70時間）

　本単元は，全体計画に定めた探究課題「地域の自然や環境と，その保全に関わる人々の思いや願い」を踏まえて構想した単元である。地域の身近な川の環境と保全に向けて，自分たちの力でできることに取り組み，自分と地域の環境や人々との関わりについて考え，行動できるようにすることをねらったものである。

1　単元の目標

　住吉川の環境について調べたり，その保全に向けた活動に協働して取り組んだりすることを通して，環境保全に関する具体的な取組について考え，環境を守る活動を続ける人々や組織の意図や願いを理解するとともに，住吉川とのつながりを意識しながら行動したり生活したりできるようにする。

2　単元の評価規準

観点	知識・技能	思考・判断・表現	主体的に学習に取り組む態度
評価規準	①住吉川の環境には，独自の特徴があることを理解するとともに，その環境を後世に残していこうと活動を続けている人や組織の存在，思いに気付いている。 ②住吉川にすむ生物の状況を捉えるために，生物種や生息環境に応じた方法でフィールドワークを実施している。 ③住吉川の環境と自分たちの生活には関連があることの理解は，川とそこに生息する生き物との関係を探究的に学習してきたことの成果であると気付いている。	①住吉川の上流と中・下流の様子の比較から，河川の状況と生物との関わりについて課題を設定するとともに，解決に必要な調査方法を明確にしながらフィールドワークの計画を立てている。 ②住吉川の現状をよりよく理解するために必要な情報を，調査する対象に応じた方法を選びながら収集している。 ③住吉川の環境を守る活動を進めるために，事象を比較したり関連付けたりして理由や根拠を明らかにし，具体的な活動を決定している。 ④川の環境保全に向けた自分の考えを，表現方法の特徴や表現の目的に合わせて分かりやすくまとめている。	①住吉川とそこに住む生物の関係を明らかにするという目的に向け，自分自身で設定した課題の価値を理解している。 ②自分と異なる意見や考えを生かしながら，協働的に探究活動に取り組んでいる。 ③自分と川や地域の人々等とのつながりに気付き，地域の活動に参加するとともに，地域のためにできることを考え行動している。

3　指導と評価の計画（70 時間）

小単元名（時数）	ねらい・学習活動	知	思	態	評価方法
1　住吉川の様子をさぐろう。 （15）	・川の中流，下流，上流のそれぞれを探検し，それぞれの特徴をまとめる。 ・ホタルがいる上流の様子と，油や泡，ゴミなどがある中・下流の様子を比較する。			①	・行動観察 ・記録シート
	・比較から生じたギャップから問題状況を捉え，「川の美しさを取り戻そう」という単元を通した課題を設定する。 **具体的事例❶**「思考・判断・表現①」		①		・発言内容 ・課題カード
2　住吉川の美しさを取り戻すための活動を考えて実行しよう。 （35）	・川の美しさを取り戻すための活動を進めるために，川の調査や周辺住民へのインタビューから必要な情報を集める。 **具体的事例❷**「思考・判断・表現②」	②	②		・行動観察 ・調査シート
	・川の環境を守る取組を進めている「ホタルを増やす会」の人の話を聞く。				
	・調査したことや聞いたこと等を整理して，川の美しさを取り戻すための具体的な活動を考える。**具体的事例❸**「思考・判断・表現③」		③		・発言内容 ・表現物
	・川の美しさを取り戻すために考えた活動を実行する。			②	・行動観察 ・取組カード
3　地域とともに活動を行い，これからの自分たちの行動について考えよう。 （20）	・様々な人や組織が住吉川の環境保全に関わっていることを振り返る。	①			・発言内容 ・振り返りカード
	・地域の人に川への関心を高めてもらうための活動を企画する。		③		・発言内容 ・ワークシート
	・家庭でできる川を汚さない方法を伝える，川掃除会を開催する，「ホタルを増やす会」の活動に参加するなど，実行に向けた準備を進める。 **具体的事例❹**「思考・判断・表現④」		④		・発言内容 ・ワークシート
	・今後の自分たちと地域との関わりや環境との関わりについて，これまでの活動を振り返ってまとめる。		③		・発言内容 ・作文カード

［以下略］

（出所）国立教育政策研究所（2020: 63-65）

- ▶ 総合的な学習（探究）の時間の単元計画を提案して，グループで話し合ってみよう。
- ▶ 上記の単元計画で，探究的な学習を行うためにはどのようにしたらよいだろうか。探究的な学習が適切に位置付いているか検討してみよう。
- ▶ 上記の単元計画が，主体的・対話的で深い学びを実現しているか，その実現のためにはどのようにしたらよいかを検討してみよう。
- ▶ 上記の単元計画について，総合的な学習（探究）の時間の評価規準と評価方法を考えてみよう。

● **引用・参考文献**

関西大学初等部（2014）『思考ツールを使う授業　関大初等部式思考力育成法教科活用編』さくら社

関西大学初等部（2019）「思考力形成『考える力』を養う学び　6つの思考ツールを使いこなす。」〈https://www.kansai-u.ac.jp/elementary/education/thinking/index.html〉（2019年6月16日最終閲覧）

国立教育政策研究所教育課程研究センター（2020）『「指導と評価の一体化」のための学習評価に関する参考資料　小学校　総合的な学習の時間』〈https://www.nier.go.jp/kaihatsu/pdf/hyouka/r020326_pri_sougo.pdf〉（2022年7月14日最終閲覧）

田村学・黒上晴夫（2013）『考えるってこういうことか！　思考ツールの授業（教育技術MOOK）』小学館

内藤由佳子（2000）「木下竹次の合科学習に関する一考察 ―教師の指導性を中心に―」『教育学論集』第26巻，大阪市立大学〈http://dlisv03.media.osaka-cu.ac.jp/contents/osakacu/kiyo/111E0000012-26-2.pdf〉（2019年6月30日最終閲覧）

中井俊樹編著（2015）『アクティブラーニング（シリーズ　大学の教授法3）』玉川大学出版部

奈良女子高等師範学校附属小学校研究会（1923）「幼学年児童の最初の取扱に就いて」『学習研究』1巻2号

西岡加奈恵（2007）「学習の歩みの記録：通知表とポートフォリオ」田中耕治編『よくわかる授業論』ミネルヴァ書房

樋口直宏（2019）「6　教育評価」樋口直宏・林尚示・牛尾直行『実践に活かす教育

課程論・教育方法論』学事出版

松村明・三省堂編修所編 (2006)『大辞林　第三版』三省堂

溝畑保之 (2016)「第 6 章　英語におけるアクティブラーニング」溝上慎一編『高等学校におけるアクティブラーニング　事例編 (アクティブラーニング・シリーズ 5)』東信堂

文部科学省 (2013)「事例 1【1 年】ウェビング図で情報を構造化しながら課題を設定する事例」『言語活動の充実に関する指導事例集【中学校版】』〈http://www.mext.go.jp/a_menu/shotou/new-cs/gengo/1306163.htm〉(2019 年 7 月 13 日最終閲覧)

文部科学省 (2013)『言語活動の充実に関する指導事例集【中学校版】』〈http://www.mext.go.jp/a_menu/shotou/new-cs/gengo/1306163.htm〉(2019 年 7 月 13 日最終閲覧)

文部科学省 (2017a)『小学校学習指導要領 (平成 29 年告示)』

文部科学省 (2017b)『小学校学習指導要領 (平成 29 年告示) 解説　総合的な学習の時間編』

文部科学省 (2017c)『中学校学習指導要領 (平成 29 年告示) 解説　総合的な学習の時間編』

文部科学省 (2018)『小学校プログラミング教育の手引 (第二版)』〈http://www.mext.go.jp/component/a_menu/education/micro_detail/__icsFiles/afieldfile/2018/11/06/1403162_02_1.pdf〉(2019 年 6 月 16 日最終閲覧)

文部省 (1998)『小学校学習指導要領』(平成 10 年 12 月告示), 国立教育政策研究所「学習指導要領データベース」〈https://www.nier.go.jp/guideline/h10e/chap1.htm〉(2019 年 7 月 13 日最終閲覧)

資料

小学校学習指導要領（抄）

文部科学省
平成 29 年告示

第5章　総合的な学習の時間
第1　目　標

　探究的な見方・考え方を働かせ，横断的・総合的な学習を行うことを通して，よりよく課題を解決し，自己の生き方を考えていくための資質・能力を次のとおり育成することを目指す。

(1)　探究的な学習の過程において，課題の解決に必要な知識及び技能を身に付け，課題に関わる概念を形成し，探究的な学習のよさを理解するようにする。

(2)　実社会や実生活の中から問いを見いだし，自分で課題を立て，情報を集め，整理・分析して，まとめ・表現することができるようにする。

(3)　探究的な学習に主体的・協働的に取り組むとともに，互いのよさを生かしながら，積極的に社会に参画しようとする態度を養う。

第2　各学校において定める目標及び内容

1　目　標

　各学校においては，第1の目標を踏まえ，各学校の総合的な学習の時間の目標を定める。

2　内　容

　各学校においては，第1の目標を踏まえ，各学校の総合的な学習の時間の内容を定める。

3　各学校において定める目標及び内容の取扱い

　各学校において定める目標及び内容の設定に当たっては，次の事項に配慮するものとする。

(1)　各学校において定める目標については，各学校における教育目標を踏まえ，総合的な学習の時間を通して育成を目指す資質・能力を示すこと。

(2)　各学校において定める目標及び内容については，他教科等の目標及び内容との違いに留意しつつ，他教科等で育成を目指す資質・能

力との関連を重視すること。

(3)　各学校において定める目標及び内容については，日常生活や社会との関わりを重視すること。

(4)　各学校において定める内容については，目標を実現するにふさわしい探究課題，探究課題の解決を通して育成を目指す具体的な資質・能力を示すこと。

(5)　目標を実現するにふさわしい探究課題については，学校の実態に応じて，例えば，国際理解，情報，環境，福祉・健康などの現代的な諸課題に対応する横断的・総合的な課題，地域の人々の暮らし，伝統と文化など地域や学校の特色に応じた課題，児童の興味・関心に基づく課題などを踏まえて設定すること。

(6)　探究課題の解決を通して育成を目指す具体的な資質・能力については，次の事項に配慮すること。

　ア　知識及び技能については，他教科等及び総合的な学習の時間で習得する知識及び技能が相互に関連付けられ，社会の中で生きて働くものとして形成されるようにすること。

　イ　思考力，判断力，表現力等については，課題の設定，情報の収集，整理・分析，まとめ・表現などの探究的な学習の過程において発揮され，未知の状況において活用できるものとして身に付けられるようにすること。

　ウ　学びに向かう力，人間性等については，自分自身に関すること及び他者や社会との関わりに関することの両方の視点を踏まえること。

(7)　目標を実現するにふさわしい探究課題及び探究課題の解決を通して育成を目指す具体的な資質・能力については，教科等を越えた全

ての学習の基盤となる資質・能力が育まれ,
活用されるものとなるよう配慮すること。

第3 指導計画の作成と内容の取扱い

1 指導計画の作成に当たっては,次の事項に
配慮するものとする。

(1) 年間や,単元など内容や時間のまとまりを
見通して,その中で育む資質・能力の育成に
向けて,児童の主体的・対話的で深い学びの
実現を図るようにすること。その際,児童や
学校,地域の実態等に応じて,児童が探究的
な見方・考え方を働かせ,教科等の枠を超え
た横断的・総合的な学習や児童の興味・関心
等に基づく学習を行うなど創意工夫を生かし
た教育活動の充実を図ること。

(2) 全体計画及び年間指導計画の作成に当たっ
ては,学校における全教育活動との関連の下
に,目標及び内容,学習活動,指導方法や指
導体制,学習の評価の計画などを示すこと。

(3) 他教科等及び総合的な学習の時間で身に付
けた資質・能力を相互に関連付け,学習や生
活において生かし,それらが総合的に働くよ
うにすること。その際,言語能力,情報活用
能力など全ての学習の基盤となる資質・能力
を重視すること。

(4) 他教科等の目標及び内容との違いに留意し
つつ,第1の目標並びに第2の各学校におい
て定める目標及び内容を踏まえた適切な学習
活動を行うこと。

(5) 各学校における総合的な学習の時間の名称
については,各学校において適切に定めるこ
と。

(6) 障害のある児童などについては,学習活動
を行う場合に生じる困難さに応じた指導内容
や指導方法の工夫を計画的,組織的に行うこ
と。

(7) 第1章総則の第1の2の(2)に示す道徳教育
の目標に基づき,道徳科などとの関連を考慮
しながら,第3章特別の教科道徳の第2に示
す内容について,総合的な学習の時間の特質
に応じて適切な指導をすること。

2 第2の内容の取扱いについては,次の事項
に配慮するものとする。

(1) 第2の各学校において定める目標及び内容

に基づき,児童の学習状況に応じて教師が適
切な指導を行うこと。

(2) 探究的な学習の過程においては,他者と協
働して課題を解決しようとする学習活動や,
言語により分析し,まとめたり表現したりす
るなどの学習活動が行われるようにすること。
その際,例えば,比較する,分類する,関連
付けるなどの考えるための技法が活用される
ようにすること。

(3) 探究的な学習の過程においては,コンピュ
ータや情報通信ネットワークなどを適切かつ
効果的に活用して,情報を収集・整理・発信
するなどの学習活動が行われるよう工夫する
こと。その際,コンピュータで文字を入力す
るなどの学習の基盤として必要となる情報手
段の基本的な操作を習得し,情報や情報手段
を主体的に選択し活用できるよう配慮するこ
と。

(4) 自然体験やボランティア活動などの社会体
験,ものづくり,生産活動などの体験活動,
観察・実験,見学や調査,発表や討論などの
学習活動を積極的に取り入れること。

(5) 体験活動については,第1の目標並びに第
2の各学校において定める目標及び内容を踏
まえ,探究的な学習の過程に適切に位置付け
ること。

(6) グループ学習や異年齢集団による学習など
の多様な学習形態,地域の人々の協力も得つ
つ,全教師が一体となって指導に当たるなど
の指導体制について工夫を行うこと。

(7) 学校図書館の活用,他の学校との連携,公
民館,図書館,博物館等の社会教育施設や社
会教育関係団体等の各種団体との連携,地域
の教材や学習環境の積極的な活用などの工夫
を行うこと。

(8) 国際理解に関する学習を行う際には,探究
的な学習に取り組むことを通して,諸外国の
生活や文化などを体験したり調査したりする
などの学習活動が行われるようにすること。

(9) 情報に関する学習を行う際には,探究的な
学習に取り組むことを通して,情報を収集・
整理・発信したり,情報が日常生活や社会に
与える影響を考えたりするなどの学習活動が
行われるようにすること。第1章総則の第3

の1の(3)のイに掲げるプログラミングを体験
しながら論理的思考力を身に付けるための学
習活動を行う場合には，プログラミングを体
験することが，探究的な学習の過程に適切に
位置付くようにすること。

第6章　特別活動
第1　目　標
　集団や社会の形成者としての見方・考え方を
働かせ，様々な集団活動に自主的，実践的に取
り組み，互いのよさや可能性を発揮しながら集
団や自己の生活上の課題を解決することを通し
て，次のとおり資質・能力を育成することを目
指す。
(1)　多様な他者と協働する様々な集団活動の意
　義や活動を行う上で必要となることについて
　理解し，行動の仕方を身に付けるようにする。
(2)　集団や自己の生活，人間関係の課題を見い
　だし，解決するために話し合い，合意形成を
　図ったり，意思決定したりすることができる
　ようにする。
(3)　自主的，実践的な集団活動を通して身に付
　けたことを生かして，集団や社会における生
　活及び人間関係をよりよく形成するとともに，
　自己の生き方についての考えを深め，自己実
　現を図ろうとする態度を養う。

第2　各活動・学校行事の目標及び内容
〔学級活動〕
1　目　標　　学級や学校での生活をよりよく
するための課題を見いだし，解決するために話
し合い，合意形成し，役割を分担して協力して
実践したり，学級での話合いを生かして自己の
課題の解決及び将来の生き方を描くために意思
決定して実践したりすることに，自主的，実践
的に取り組むことを通して，第1の目標に掲げ
る資質・能力を育成することを目指す。
2　内　容　　1の資質・能力を育成するため，
全ての学年において，次の各活動を通して，そ
れぞれの活動の意義及び活動を行う上で必要と
なることについて理解し，主体的に考えて実践
できるよう指導する。
(1)　学級や学校における生活づくりへの参画

ア　学級や学校における生活上の諸問題の解
　決
　学級や学校における生活をよりよくする
ための課題を見いだし，解決するために話し合
い，合意形成を図り，実践すること。
イ　学級内の組織づくりや役割の自覚
　学級生活の充実や向上のため，児童が主体
的に組織をつくり，役割を自覚しながら仕事
を分担して，協力し合い実践すること。
ウ　学校における多様な集団の生活の向上
　児童会など学級の枠を超えた多様な集団
における活動や学校行事を通して学校生活の向
上を図るため，学級としての提案や取組を話
し合って決めること。
(2)　日常の生活や学習への適応と自己の成長及
　び健康安全
ア　基本的な生活習慣の形成
　身の回りの整理や挨拶などの基本的な生活
習慣を身に付け，節度ある生活にすること。
イ　よりよい人間関係の形成
　学級や学校の生活において互いのよさを見
付け，違いを尊重し合い，仲よくしたり信頼
し合ったりして生活すること。
ウ　心身ともに健康で安全な生活態度の形成
　現在及び生涯にわたって心身の健康を保持
増進することや，事件や事故，災害等から身
を守り安全に行動すること。
エ　食育の観点を踏まえた学校給食と望まし
　い食習慣の形成
　給食の時間を中心としながら，健康によい
食事のとり方など，望ましい食習慣の形成を
図るとともに，食事を通して人間関係をより
よくすること。
(3)　一人一人のキャリア形成と自己実現
ア　現在や将来に希望や目標をもって生きる
　意欲や態度の形成
　学級や学校での生活づくりに主体的に関わ
り，自己を生かそうとするとともに，希望や
目標をもち，その実現に向けて日常の生活を
よりよくしようとすること。
イ　社会参画意識の醸成や働くことの意義の
　理解
　清掃などの当番活動や係活動等の自己の役
割を自覚して協働することの意義を理解し，

社会の一員として役割を果たすために必要となることについて主体的に考えて行動すること。

ウ　主体的な学習態度の形成と学校図書館等の活用

学ぶことの意義や現在及び将来の学習と自己実現とのつながりを考えたり，自主的に学習する場としての学校図書館等を活用したりしながら，学習の見通しを立て，振り返ること。

3　内容の取扱い

(1)　指導に当たっては，各学年段階で特に次の事項に配慮すること。

〔第1学年及び第2学年〕

話合いの進め方に沿って，自分の意見を発表したり，他者の意見をよく聞いたりして，合意形成して実践することのよさを理解すること。基本的な生活習慣や，約束やきまりを守ることの大切さを理解して行動し，生活をよくするための目標を決めて実行すること。

〔第3学年及び第4学年〕

理由を明確にして考えを伝えたり，自分と異なる意見も受け入れたりしながら，集団としての目標や活動内容について合意形成を図り，実践すること。自分のよさや役割を自覚し，よく考えて行動するなど節度ある生活を送ること。

〔第5学年及び第6学年〕

相手の思いを受け止めて聞いたり，相手の立場や考え方を理解したりして，多様な意見のよさを積極的に生かして合意形成を図り，実践すること。高い目標をもって粘り強く努力し，自他のよさを伸ばし合うようにすること。

(2)　2の(3)の指導に当たっては，学校，家庭及び地域における学習や生活の見通しを立て，学んだことを振り返りながら，新たな学習や生活への意欲につなげたり，将来の生き方を考えたりする活動を行うこと。その際，児童が活動を記録し蓄積する教材等を活用すること。

〔児童会活動〕

1　目　標　　異年齢の児童同士で協力し，学校生活の充実と向上を図るための諸問題の解決に向けて，計画を立て役割を分担し，協力して運営することに自主的，実践的に取り組むことを通して，第1の目標に掲げる資質・能力を育

成することを目指す。

2　内　容　　1の資質・能力を育成するため，学校の全児童をもって組織する児童会において，次の各活動を通して，それぞれの活動の意義及び活動を行う上で必要となることについて理解し，主体的に考えて実践できるよう指導する。

(1)　児童会の組織づくりと児童会活動の計画や運営

児童が主体的に組織をつくり，役割を分担し，計画を立て，学校生活の課題を見いだし解決するために話し合い，合意形成を図り実践すること。

(2)　異年齢集団による交流

児童会が計画や運営を行う集会等の活動において，学年や学級が異なる児童と共に楽しく触れ合い，交流を図ること。

(3)　学校行事への協力

学校行事の特質に応じて，児童会の組織を活用して，計画の一部を担当したり，運営に協力したりすること。

3　内容の取扱い　(1)　児童会の計画や運営は，主として高学年の児童が行うこと。その際，学校の全児童が主体的に活動に参加できるものとなるよう配慮すること。

〔クラブ活動〕

1　目　標　　異年齢の児童同士で協力し，共通の興味・関心を追求する集団活動の計画を立てて運営することに自主的，実践的に取り組むことを通して，個性の伸長を図りながら，第1の目標に掲げる資質・能力を育成することを目指す。

2　内　容　　1の資質・能力を育成するため，主として第4学年以上の同好の児童をもって組織するクラブにおいて，次の各活動を通して，それぞれの活動の意義及び活動を行う上で必要となることについて理解し，主体的に考えて実践できるよう指導する。

(1)　クラブの組織づくりとクラブ活動の計画や運営

児童が活動計画を立て，役割を分担し，協力して運営に当たること。

(2)　クラブを楽しむ活動

異なる学年の児童と協力し，創意工夫を生かしながら共通の興味・関心を追求すること。

(3) クラブの成果の発表
　　活動の成果について，クラブの成員の発意・発想を生かし，協力して全校の児童や地域の人々に発表すること。
〔学校行事〕
1　目　標　全校又は学年の児童で協力し，よりよい学校生活を築くための体験的な活動を通して，集団への所属感や連帯感を深め，公共の精神を養いながら，第1の目標に掲げる資質・能力を育成することを目指す。
2　内　容　1の資質・能力を育成するため，全ての学年において，全校又は学年を単位として，次の各行事において，学校生活に秩序と変化を与え，学校生活の充実と発展に資する体験的な活動を行うことを通して，それぞれの学校行事の意義及び活動を行う上で必要となることについて理解し，主体的に考えて実践できるよう指導する。
(1)　儀式的行事
　　学校生活に有意義な変化や折り目を付け，厳粛で清新な気分を味わい，新しい生活の展開への動機付けとなるようにすること。
(2)　文化的行事
　　平素の学習活動の成果を発表し，自己の向上の意欲を一層高めたり，文化や芸術に親しんだりするようにすること。
(3)　健康安全・体育的行事
　　心身の健全な発達や健康の保持増進，事件や事故，災害等から身を守る安全な行動や規律ある集団行動の体得，運動に親しむ態度の育成，責任感や連帯感の涵養，体力の向上などに資するようにすること。
(4)　遠足・集団宿泊的行事
　　自然の中での集団宿泊活動などの平素と異なる生活環境にあって，見聞を広め，自然や文化などに親しむとともに，よりよい人間関係を築くなどの集団生活の在り方や公衆道徳などについての体験を積むことができるようにすること。
(5)　勤労生産・奉仕的行事
　　勤労の尊さや生産の喜びを体得するとともに，ボランティア活動などの社会奉仕の精神を養う体験が得られるようにすること。
3　内容の取扱い

(1)　児童や学校，地域の実態に応じて，2に示す行事の種類ごとに，行事及びその内容を重点化するとともに，各行事の趣旨を生かした上で，行事間の関連や統合を図るなど精選して実施すること。また，実施に当たっては，自然体験や社会体験などの体験活動を充実するとともに，体験活動を通して気付いたことなどを振り返り，まとめたり，発表し合ったりするなどの事後の活動を充実すること。

第3　指導計画の作成と内容の取扱い
1　指導計画の作成に当たっては，次の事項に配慮するものとする。
(1)　特別活動の各活動及び学校行事を見通して，その中で育む資質・能力の育成に向けて，児童の主体的・対話的で深い学びの実現を図るようにすること。その際，よりよい人間関係の形成，よりよい集団生活の構築や社会への参画及び自己実現に資するよう，児童が集団や社会の形成者としての見方・考え方を働かせ，様々な集団活動に自主的，実践的に取り組む中で，互いのよさや個性，多様な考えを認め合い，等しく合意形成に関わり役割を担うようにすることを重視すること。
(2)　各学校においては特別活動の全体計画や各活動及び学校行事の年間指導計画を作成すること。その際，学校の創意工夫を生かし，学級や学校，地域の実態，児童の発達の段階などを考慮するとともに，第2に示す内容相互及び各教科，道徳科，外国語活動，総合的な学習の時間などの指導との関連を図り，児童による自主的，実践的な活動が助長されるようにすること。また，家庭や地域の人々との連携，社会教育施設等の活用などを工夫すること。
(3)　学級活動における児童の自発的，自治的な活動を中心として，各活動と学校行事を相互に関連付けながら，個々の児童についての理解を深め，教師と児童，児童相互の信頼関係を育み，学級経営の充実を図ること。その際，特に，いじめの未然防止等を含めた生徒指導との関連を図るようにすること。
(4)　低学年においては，第1章総則の第2の4の(1)を踏まえ，他教科等との関連を積極的に

図り，指導の効果を高めるようにするとともに，幼稚園教育要領等に示す幼児期の終わりまでに育ってほしい姿との関連を考慮すること。特に，小学校入学当初においては，生活科を中心とした関連的な指導や，弾力的な時間割の設定を行うなどの工夫をすること。

(5) 障害のある児童などについては，学習活動を行う場合に生じる困難さに応じた指導内容や指導方法の工夫を計画的，組織的に行うこと。

(6) 第1章総則の第1の2の(2)に示す道徳教育の目標に基づき，道徳科などとの関連を考慮しながら，第3章特別の教科道徳の第2に示す内容について，特別活動の特質に応じて適切な指導をすること。

2 第2の内容の取扱いについては，次の事項に配慮するものとする。

(1) 学級活動，児童会活動及びクラブ活動の指導については，指導内容の特質に応じて，教師の適切な指導の下に，児童の自発的，自治的な活動が効果的に展開されるようにすること。その際，よりよい生活を築くために自分たちできまりをつくって守る活動などを充実するよう工夫すること。

(2) 児童及び学校の実態並びに第1章総則の第

6の2に示す道徳教育の重点などを踏まえ，各学年において取り上げる指導内容の重点化を図るとともに，必要に応じて，内容間の関連や統合を図ったり，他の内容を加えたりすることができること。

(3) 学校生活への適応や人間関係の形成などについては，主に集団の場面で必要な指導や援助を行うガイダンスと，個々の児童の多様な実態を踏まえ，一人一人が抱える課題に個別に対応した指導を行うカウンセリング（教育相談を含む。）の双方の趣旨を踏まえて指導を行うこと。特に入学当初や各学年のはじめにおいては，個々の児童が学校生活に適応するとともに，希望や目標をもって生活できるよう工夫すること。あわせて，児童の家庭との連絡を密にすること。

(4) 異年齢集団による交流を重視するとともに，幼児，高齢者，障害のある人々などとの交流や対話，障害のある幼児児童生徒との交流及び共同学習の機会を通して，協働することや，他者の役に立ったり社会に貢献したりすることの喜びを得られる活動を充実すること。

3 入学式や卒業式などにおいては，その意義を踏まえ，国旗を掲揚するとともに，国歌を斉唱するよう指導するものとする。

中学校学習指導要領（抄）

文部科学省
平成29年告示

第4章　総合的な学習の時間
第1　目　標

探究的な見方・考え方を働かせ，横断的・総合的な学習を行うことを通して，よりよく課題を解決し，自己の生き方を考えていくための資質・能力を次のとおり育成することを目指す。

(1) 探究的な学習の過程において，課題の解決に必要な知識及び技能を身に付け，課題に関わる概念を形成し，探究的な学習のよさを理解するようにする。

(2) 実社会や実生活の中から問いを見いだし，自分で課題を立て，情報を集め，整理・分析

して，まとめ・表現することができるようにする。

(3) 探究的な学習に主体的・協働的に取り組むとともに，互いのよさを生かしながら，積極的に社会に参画しようとする態度を養う。

第2　各学校において定める目標及び内容
1　目　標

各学校においては，第1の目標を踏まえ，各学校の総合的な学習の時間の目標を定める。

2　内　容

各学校においては，第1の目標を踏まえ，各

学校の総合的な学習の時間の内容を定める。

3　各学校において定める目標及び内容の取扱い

　各学校において定める目標及び内容の設定に当たっては，次の事項に配慮するものとする。

(1)　各学校において定める目標については，各学校における教育目標を踏まえ，総合的な学習の時間を通して育成を目指す資質・能力を示すこと。

(2)　各学校において定める目標及び内容については，他教科等の目標及び内容との違いに留意しつつ，他教科等で育成を目指す資質・能力との関連を重視すること。

(3)　各学校において定める目標及び内容については，日常生活や社会との関わりを重視すること。

(4)　各学校において定める内容については，目標を実現するにふさわしい探究課題，探究課題の解決を通して育成を目指す具体的な資質・能力を示すこと。

(5)　目標を実現するにふさわしい探究課題については，学校の実態に応じて，例えば，国際理解，情報，環境，福祉・健康などの現代的な諸課題に対応する横断的・総合的な課題，地域や学校の特色に応じた課題，生徒の興味・関心に基づく課題，職業や自己の将来に関する課題などを踏まえて設定すること。

(6)　探究課題の解決を通して育成を目指す具体的な資質・能力については，次の事項に配慮すること。

　　ア　知識及び技能については，他教科等及び総合的な学習の時間で習得する知識及び技能が相互に関連付けられ，社会の中で生きて働くものとして形成されるようにすること。

　　イ　思考力，判断力，表現力等については，課題の設定，情報の収集，整理・分析，まとめ・表現などの探究的な学習の過程において発揮され，未知の状況において活用できるものとして身に付けられるようにすること。

　　ウ　学びに向かう力，人間性等については，自分自身に関すること及び他者や社会との関わりに関することの両方の視点を踏まえ

ること。

(7)　目標を実現するにふさわしい探究課題及び探究課題の解決を通して育成を目指す具体的な資質・能力については，教科等を越えた全ての学習の基盤となる資質・能力が育まれ，活用されるものとなるよう配慮すること。

第3　指導計画の作成と内容の取扱い

1　指導計画の作成に当たっては，次の事項に配慮するものとする。

(1)　年間や，単元など内容や時間のまとまりを見通して，その中で育む資質・能力の育成に向けて，生徒の主体的・対話的で深い学びの実現を図るようにすること。その際，生徒や学校，地域の実態等に応じて，生徒が探究的な見方・考え方を働かせ，教科等の枠を超えた横断的・総合的な学習や生徒の興味・関心等に基づく学習を行うなど創意工夫を生かした教育活動の充実を図ること。

(2)　全体計画及び年間指導計画の作成に当たっては，学校における全教育活動との関連の下に，目標及び内容，学習活動，指導方法や指導体制，学習の評価の計画などを示すこと。その際，小学校における総合的な学習の時間の取組を踏まえること。

(3)　他教科等及び総合的な学習の時間で身に付けた資質・能力を相互に関連付け，学習や生活において生かし，それらが総合的に働くようにすること。その際，言語能力，情報活用能力など全ての学習の基盤となる資質・能力を重視すること。

(4)　他教科等の目標及び内容との違いに留意しつつ，第1の目標並びに第2の各学校において定める目標及び内容を踏まえた適切な学習活動を行うこと。

(5)　各学校における総合的な学習の時間の名称については，各学校において適切に定めること。

(6)　障害のある生徒などについては，学習活動を行う場合に生じる困難さに応じた指導内容や指導方法の工夫を計画的，組織的に行うこと。

(7)　第1章総則の第1の2の(2)に示す道徳教育の目標に基づき，道徳科などとの関連を考慮

しながら，第3章特別の教科道徳の第2に示す内容について，総合的な学習の時間の特質に応じて適切な指導をすること。

2 第2の内容の取扱いについては，次の事項に配慮するものとする。

(1) 第2の各学校において定める目標及び内容に基づき，生徒の学習状況に応じて教師が適切な指導を行うこと。

(2) 探究的な学習の過程においては，他者と協働して課題を解決しようとする学習活動や，言語により分析し，まとめたり表現したりするなどの学習活動が行われるようにすること。その際，例えば，比較する，分類する，関連付けるなどの考えるための技法が活用されるようにすること。

(3) 探究的な学習の過程においては，コンピュータや情報通信ネットワークなどを適切かつ効果的に活用して，情報を収集・整理・発信するなどの学習活動が行われるよう工夫すること。その際，情報や情報手段を主体的に選択し活用できるよう配慮すること。

(4) 自然体験や職場体験活動，ボランティア活動などの社会体験，ものづくり，生産活動などの体験活動，観察・実験，見学や調査，発表や討論などの学習活動を積極的に取り入れること。

(5) 体験活動については，第1の目標並びに第2の各学校において定める目標及び内容を踏まえ，探究的な学習の過程に適切に位置付けること。

(6) グループ学習や異年齢集団による学習などの多様な学習形態，地域の人々の協力も得つつ，全教師が一体となって指導に当たるなどの指導体制について工夫を行うこと。

(7) 学校図書館の活用，他の学校との連携，公民館，図書館，博物館等の社会教育施設や社会教育関係団体等の各種団体との連携，地域の教材や学習環境の積極的な活用などの工夫を行うこと。

(8) 職業や自己の将来に関する学習を行う際には，探究的な学習に取り組むことを通して，自己を理解し，将来の生き方を考えるなどの学習活動が行われるようにすること。

第5章　特別活動
第1　目　標
　集団や社会の形成者としての見方・考え方を働かせ，様々な集団活動に自主的，実践的に取り組み，互いのよさや可能性を発揮しながら集団や自己の生活上の課題を解決することを通して，次のとおり資質・能力を育成することを目指す。

(1) 多様な他者と協働する様々な集団活動の意義や活動を行う上で必要となることについて理解し，行動の仕方を身に付けるようにする。

(2) 集団や自己の生活，人間関係の課題を見いだし，解決するために話し合い，合意形成を図ったり，意思決定したりすることができるようにする。

(3) 自主的，実践的な集団活動を通して身に付けたことを生かして，集団や社会における生活及び人間関係をよりよく形成するとともに，人間としての生き方についての考えを深め，自己実現を図ろうとする態度を養う。

第2　各活動・学校行事の目標及び内容
〔学級活動〕
1　目　標
　学級や学校での生活をよりよくするための課題を見いだし，解決するために話し合い，合意形成し，役割を分担して協力して実践したり，学級での話合いを生かして自己の課題の解決及び将来の生き方を描くために意思決定して実践したりすることに，自主的，実践的に取り組むことを通して，第1の目標に掲げる資質・能力を育成することを目指す。
2　内　容
　1の資質・能力を育成するため，全ての学年において，次の各活動を通して，それぞれの活動の意義及び活動を行う上で必要となることについて理解し，主体的に考えて実践できるよう指導する。

(1) 学級や学校における生活づくりへの参画
　ア　学級や学校における生活上の諸問題の解決
　　学級や学校における生活をよりよくするた

めの課題を見いだし，解決するために話し合い，合意形成を図り，実践すること。

イ　学級内の組織づくりや役割の自覚

学級生活の充実や向上のため，生徒が主体的に組織をつくり，役割を自覚しながら仕事を分担して，協力し合い実践すること。

ウ　学校における多様な集団の生活の向上

生徒会など学級の枠を超えた多様な集団における活動や学校行事を通して学校生活の向上を図るため，学級としての提案や取組を話し合って決めること。

(2)　日常の生活や学習への適応と自己の成長及び健康安全

ア　自他の個性の理解と尊重，よりよい人間関係の形成

自他の個性を理解して尊重し，互いのよさや可能性を発揮しながらよりよい集団生活をつくること。

イ　男女相互の理解と協力

男女相互について理解するとともに，共に協力し尊重し合い，充実した生活づくりに参画すること。

ウ　思春期の不安や悩みの解決，性的な発達への対応

心や体に関する正しい理解を基に，適切な行動をとり，悩みや不安に向き合い乗り越えようとすること。

エ　心身ともに健康で安全な生活態度や習慣の形成

節度ある生活を送るなど現在及び生涯にわたって心身の健康を保持増進することや，事件や事故，災害等から身を守り安全に行動すること。

オ　食育の観点を踏まえた学校給食と望ましい食習慣の形成

給食の時間を中心としながら，成長や健康管理を意識するなど，望ましい食習慣の形成を図るとともに，食事を通して人間関係をよりよくすること。

(3)　一人一人のキャリア形成と自己実現

ア　社会生活，職業生活との接続を踏まえた主体的な学習態度の形成と学校図書館等の活用

現在及び将来の学習と自己実現とのつなが

りを考えたり，自主的に学習する場としての学校図書館等を活用したりしながら，学ぶことと働くことの意義を意識して学習の見通しを立て，振り返ること。

イ　社会参画意識の醸成や勤労観・職業観の形成

社会の一員としての自覚や責任をもち，社会生活を営む上で必要なマナーやルール，働くことや社会に貢献することについて考えて行動すること。

ウ　主体的な進路の選択と将来設計

目標をもって，生き方や進路に関する適切な情報を収集・整理し，自己の個性や興味・関心と照らして考えること。

3　内容の取扱い

(1)　2の(1)の指導に当たっては，集団としての意見をまとめる話合い活動など小学校からの積み重ねや経験を生かし，それらを発展させることができるよう工夫すること。

(2)　2の(3)の指導に当たっては，学校，家庭及び地域における学習や生活の見通しを立て，学んだことを振り返りながら，新たな学習や生活への意欲につなげたり，将来の生き方を考えたりする活動を行うこと。その際，生徒が活動を記録し蓄積する教材等を活用すること。

〔生徒会活動〕

1　目　標

異年齢の生徒同士で協力し，学校生活の充実と向上を図るための諸問題の解決に向けて，計画を立て役割を分担し，協力して運営することに自主的，実践的に取り組むことを通して，第1の目標に掲げる資質・能力を育成することを目指す。

2　内　容

1の資質・能力を育成するため，学校の全生徒をもって組織する生徒会において，次の各活動を通して，それぞれの活動の意義及び活動を行う上で必要となることについて理解し，主体的に考えて実践できるよう指導する。

(1)　生徒会の組織づくりと生徒会活動の計画や運営

生徒が主体的に組織をつくり，役割を分担し，計画を立て，学校生活の課題を見いだし解決す

るために話し合い，合意形成を図り実践すること。

(2) 学校行事への協力

学校行事の特質に応じて，生徒会の組織を活用して，計画の一部を担当したり，運営に主体的に協力したりすること。

(3) ボランティア活動などの社会参画

地域や社会の課題を見いだし，具体的な対策を考え，実践し，地域や社会に参画できるようにすること。

〔学校行事〕

1 目　標

全校又は学年の生徒で協力し，よりよい学校生活を築くための体験的な活動を通して，集団への所属感や連帯感を深め，公共の精神を養いながら，第1の目標に掲げる資質・能力を育成することを目指す。

2 内　容

1の資質・能力を育成するため，全ての学年において，全校又は学年を単位として，次の各行事において，学校生活に秩序と変化を与え，学校生活の充実と発展に資する体験的な活動を行うことを通して，それぞれの学校行事の意義及び活動を行う上で必要となることについて理解し，主体的に考えて実践できるよう指導する。

(1) 儀式的行事

学校生活に有意義な変化や折り目を付け，厳粛で清新な気分を味わい，新しい生活の展開への動機付けとなるようにすること。

(2) 文化的行事

平素の学習活動の成果を発表し，自己の向上の意欲を一層高めたり，文化や芸術に親しんだりするようにすること。

(3) 健康安全・体育的行事

心身の健全な発達や健康の保持増進，事件や事故，災害等から身を守る安全な行動や規律ある集団行動の体得，運動に親しむ態度の育成，責任感や連帯感の涵養，体力の向上などに資するようにすること。

(4) 旅行・集団宿泊的行事

平素と異なる生活環境にあって，見聞を広め，自然や文化などに親しむとともに，よりよい人間関係を築くなどの集団生活の在り方や公衆道徳などについての体験を積むことができるよう

にすること。

(5) 勤労生産・奉仕的行事

勤労の尊さや生産の喜びを体得し，職場体験活動などの勤労観・職業観に関わる啓発的な体験が得られるようにするとともに，共に助け合って生きることの喜びを体得し，ボランティア活動などの社会奉仕の精神を養う体験が得られるようにすること。

3 内容の取扱い

(1) 生徒や学校，地域の実態に応じて，2に示す行事の種類ごとに，行事及びその内容を重点化するとともに，各行事の趣旨を生かした上で，行事間の関連や統合を図るなど精選して実施すること。また，実施に当たっては，自然体験や社会体験などの体験活動を充実するとともに，体験活動を通して気付いたことなどを振り返り，まとめたり，発表し合ったりするなどの事後の活動を充実すること。

第3　指導計画の作成と内容の取扱い

1　指導計画の作成に当たっては，次の事項に配慮するものとする。

(1) 特別活動の各活動及び学校行事を見通して，その中で育む資質・能力の育成に向けて，生徒の主体的・対話的で深い学びの実現を図るようにすること。

その際，よりよい人間関係の形成，よりよい集団生活の構築や社会への参画及び自己実現に資するよう，生徒が集団や社会の形成者としての見方・考え方を働かせ，様々な集団活動に自主的，実践的に取り組む中で，互いのよさや個性，多様な考えを認め合い，等しく合意形成に関わり役割を担うようにすることを重視すること。

(2) 各学校においては特別活動の全体計画や各活動及び学校行事の年間指導計画を作成すること。その際，学校の創意工夫を生かし，学級や学校，地域の実態，生徒の発達の段階などを考慮するとともに，第2に示す内容相互及び各教科，道徳科，総合的な学習の時間などの指導との関連を図り，生徒による自主的，実践的な活動が助長されるようにすること。また，家庭や地域の人々との連携，社会教育施設等の活用などを工夫すること。

(3) 学級活動における生徒の自発的，自治的な活動を中心として，各活動と学校行事を相互に関連付けながら，個々の生徒についての理解を深め，教師と生徒，生徒相互の信頼関係を育み，学級経営の充実を図ること。その際，特に，いじめの未然防止等を含めた生徒指導との関連を図るようにすること。

(4) 障害のある生徒などについては，学習活動を行う場合に生じる困難さに応じた指導内容や指導方法の工夫を計画的，組織的に行うこと。

(5) 第1章総則の第1の2の(2)に示す道徳教育の目標に基づき，道徳科などとの関連を考慮しながら，第3章特別の教科道徳の第2に示す内容について，特別活動の特質に応じて適切な指導をすること。

2 第2の内容の取扱いについては，次の事項に配慮するものとする。

(1) 学級活動及び生徒会活動の指導については，指導内容の特質に応じて，教師の適切な指導の下に，生徒の自発的，自治的な活動が効果的に展開されるようにすること。その際，よりよい生活を築くために自分たちできまりをつくって守る活動などを充実するよう工夫すること。

(2) 生徒及び学校の実態並びに第1章総則の第

6の2に示す道徳教育の重点などを踏まえ，各学年において取り上げる指導内容の重点化を図るとともに，必要に応じて，内容間の関連や統合を図ったり，他の内容を加えたりすることができること。

(3) 学校生活への適応や人間関係の形成，進路の選択などについては，主に集団の場面で必要な指導や援助を行うガイダンスと，個々の生徒の多様な実態を踏まえ，一人一人が抱える課題に個別に対応した指導を行うカウンセリング（教育相談を含む。）の双方の趣旨を踏まえて指導を行うこと。特に入学当初においては，個々の生徒が学校生活に適応するとともに，希望や目標をもって生活をできるよう工夫すること。あわせて，生徒の家庭との連絡を密にすること。

(4) 異年齢集団による交流を重視するとともに，幼児，高齢者，障害のある人々などとの交流や対話，障害のある幼児児童生徒との交流及び共同学習の機会を通して，協働することや，他者の役に立ったり社会に貢献したりすることの喜びを得られる活動を充実すること。

3 入学式や卒業式などにおいては，その意義を踏まえ，国旗を掲揚するとともに，国歌を斉唱するよう指導するものとする。

高等学校学習指導要領（抄）

文部科学省
平成30年告示

第4章　総合的な探究の時間
第1　目標

探究の見方・考え方を働かせ，横断的・総合的な学習を行うことを通して，自己の在り方生き方を考えながら，よりよく課題を発見し解決していくための資質・能力を次のとおり育成することを目指す。

(1) 探究の過程において，課題の発見と解決に必要な知識及び技能を身に付け，課題に関わる概念を形成し，探究の意義や価値を理解するようにする。

(2) 実社会や実生活と自己との関わりから問いを見いだし，自分で課題を立て，情報を集め，整理・分析して，まとめ・表現することができるようにする。

(3) 探究に主体的・協働的に取り組むとともに，互いのよさを生かしながら，新たな価値を創造し，よりよい社会を実現しようとする態度を養う。

第2　各学校において定める目標及び内容
1　目標

　各学校においては，第1の目標を踏まえ，各学校の総合的な探究の時間の目標を定める。
2　内容
　各学校においては，第1の目標を踏まえ，各学校の総合的な探究の時間の内容を定める。
3　各学校において定める目標及び内容の取扱い
　各学校において定める目標及び内容の設定に当たっては，次の事項に配慮するものとする。
(1)　各学校において定める目標については，各学校における教育目標を踏まえ，総合的な探究の時間を通して育成を目指す資質・能力を示すこと。
(2)　各学校において定める目標及び内容については，他教科等の目標及び内容との違いに留意しつつ，他教科等で育成を目指す資質・能力との関連を重視すること。
(3)　各学校において定める目標及び内容については，地域や社会との関わりを重視すること。
(4)　各学校において定める内容については，目標を実現するにふさわしい探究課題，探究課題の解決を通して育成を目指す具体的な資質・能力を示すこと。
(5)　目標を実現するにふさわしい探究課題については，地域や学校の実態，生徒の特性等に応じて，例えば，国際理解，情報，環境，福祉・健康などの現代的な諸課題に対応する横断的・総合的な課題，地域や学校の特色に応じた課題，生徒の興味・関心に基づく課題，職業や自己の進路に関する課題などを踏まえて設定すること。
(6)　探究課題の解決を通して育成を目指す具体的な資質・能力については，次の事項に配慮すること。
　ア　知識及び技能については，他教科等及び総合的な探究の時間で習得する知識及び技能が相互に関連付けられ，社会の中で生きて働くものとして形成されるようにすること。
　イ　思考力，判断力，表現力等については，課題の設定，情報の収集，整理・分析，まとめ・表現などの探究の過程において発揮され，未知の状況において活用できるものとして身に付けられるようにすること。

　ウ　学びに向かう力，人間性等については，自分自身に関すること及び他者や社会との関わりに関することの両方の視点を踏まえること。
(7)　目標を実現するにふさわしい探究課題及び探究課題の解決を通して育成を目指す具体的な資質・能力については，教科・科目等を越えた全ての学習の基盤となる資質・能力が育まれ，活用されるものとなるよう配慮すること。

第3　指導計画の作成と内容の取扱い

1　指導計画の作成に当たっては，次の事項に配慮するものとする。
(1)　年間や，単元など内容や時間のまとまりを見通して，その中で育む資質・能力の育成に向けて，生徒の主体的・対話的で深い学びの実現を図るようにすること。その際，生徒や学校，地域の実態等に応じて，生徒が探究の見方・考え方を働かせ，教科・科目等の枠を超えた横断的・総合的な学習や生徒の興味・関心等に基づく学習を行うなど創意工夫を生かした教育活動の充実を図ること。
(2)　全体計画及び年間指導計画の作成に当たっては，学校における全教育活動との関連の下に，目標及び内容，学習活動，指導方法や指導体制，学習の評価の計画などを示すこと。
(3)　目標を実現するにふさわしい探究課題を設定するに当たっては，生徒の多様な課題に対する意識を生かすことができるよう配慮すること。
(4)　他教科等及び総合的な探究の時間で身に付けた資質・能力を相互に関連付け，学習や生活において生かし，それらが総合的に働くようにすること。その際，言語能力，情報活用能力など全ての学習の基盤となる資質・能力を重視すること。
(5)　他教科等の目標及び内容との違いに留意しつつ，第1の目標並びに第2の各学校において定める目標及び内容を踏まえた適切な学習活動を行うこと。
(6)　各学校における総合的な探究の時間の名称については，各学校において適切に定めること。

⑺　障害のある生徒などについては，学習活動を行う場合に生じる困難さに応じた指導内容や指導方法の工夫を計画的，組織的に行うこと。

⑻　総合学科においては，総合的な探究の時間の学習活動として，原則として生徒が興味・関心，進路等に応じて設定した課題について知識や技能の深化，総合化を図る学習活動を含むこと。

2　内容の取扱いに当たっては，次の事項に配慮するものとする。

⑴　第2の各学校において定める目標及び内容に基づき，生徒の学習状況に応じて教師が適切な指導を行うこと。

⑵　課題の設定においては，生徒が自分で課題を発見する過程を重視すること。

⑶　第2の3の⑹のウにおける両方の視点を踏まえた学習を行う際には，これらの視点を生徒が自覚し，内省的に捉えられるよう配慮すること。

⑷　探究の過程においては，他者と協働して課題を解決しようとする学習活動や，言語により分析し，まとめたり表現したりするなどの学習活動が行われるようにすること。その際，例えば，比較する，分類する，関連付けるなどの考えるための技法が自在に活用されるようにすること。

⑸　探究の過程においては，コンピュータや情報通信ネットワークなどを適切かつ効果的に活用して，情報を収集・整理・発信するなどの学習活動が行われるよう工夫すること。その際，情報や情報手段を主体的に選択し活用できるよう配慮すること。

⑹　自然体験や就業体験活動，ボランティア活動などの社会体験，ものづくり，生産活動などの体験活動，観察・実験・実習，調査・研究，発表や討論などの学習活動を積極的に取り入れること。

⑺　体験活動については，第1の目標並びに第2の各学校において定める目標及び内容を踏まえ，探究の過程に適切に位置付けること。

⑻　グループ学習や個人研究などの多様な学習形態，地域の人々の協力も得つつ，全教師が一体となって指導に当たるなどの指導体制について工夫を行うこと。

⑼　学校図書館の活用，他の学校との連携，公民館，図書館，博物館等の社会教育施設や社会教育関係団体等の各種団体との連携，地域の教材や学習環境の積極的な活用などの工夫を行うこと。

⑽　職業や自己の進路に関する学習を行う際には，探究に取り組むことを通して，自己を理解し，将来の在り方生き方を考えるなどの学習活動が行われるようにすること。

第5章　特別活動
第1　目標

　集団や社会の形成者としての見方・考え方を働かせ，様々な集団活動に自主的，実践的に取り組み，互いのよさや可能性を発揮しながら集団や自己の生活上の課題を解決することを通して，次のとおり資質・能力を育成することを目指す。

⑴　多様な他者と協働する様々な集団活動の意義や活動を行う上で必要となることについて理解し，行動の仕方を身に付けるようにする。

⑵　集団や自己の生活，人間関係の課題を見いだし，解決するために話し合い，合意形成を図ったり，意思決定したりすることができるようにする。

⑶　自主的，実践的な集団活動を通して身に付けたことを生かして，主体的に集団や社会に参画し，生活及び人間関係をよりよく形成するとともに，人間としての在り方生き方についての自覚を深め，自己実現を図ろうとする態度を養う。

第2　各活動・学校行事の目標及び内容
〔ホームルーム活動〕
1　目標

　ホームルームや学校での生活をよりよくするための課題を見いだし，解決するために話し合い，合意形成し，役割を分担して協力して実践したり，ホームルームでの話合いを生かして自己の課題の解決及び将来の生き方を描くために意思決定して実践したりすることに，自主的，実践的に取り組むことを通して，第1の目標に

掲げる資質・能力を育成することを目指す。

2 内容

1の資質・能力を育成するため，全ての学年において，次の各活動を通して，それぞれの活動の意義及び活動を行う上で必要となることについて理解し，主体的に考えて実践できるよう指導する。

(1) ホームルームや学校における生活づくりへの参画

ア ホームルームや学校における生活上の諸問題の解決

ホームルームや学校における生活を向上・充実させるための課題を見いだし，解決するために話し合い，合意形成を図り，実践すること。

イ ホームルーム内の組織づくりや役割の自覚

ホームルーム生活の充実や向上のため，生徒が主体的に組織をつくり，役割を自覚しながら仕事を分担して，協力し合い実践すること。

ウ 学校における多様な集団の生活の向上

生徒会などホームルームの枠を超えた多様な集団における活動や学校行事を通して学校生活の向上を図るため，ホームルームとしての提案や取組を話し合って決めること。

(2) 日常の生活や学習への適応と自己の成長及び健康安全

ア 自他の個性の理解と尊重，よりよい人間関係の形成

自他の個性を理解して尊重し，互いのよさや可能性を発揮し，コミュニケーションを図りながらよりよい集団生活をつくること。

イ 男女相互の理解と協力

男女相互について理解するとともに，共に協力し尊重し合い，充実した生活づくりに参画すること。

ウ 国際理解と国際交流の推進

我が国と他国の文化や生活習慣などについて理解し，よりよい交流の在り方を考えるなど，共に尊重し合い，主体的に国際社会に生きる日本人としての在り方生き方を探求しようとすること。

エ 青年期の悩みや課題とその解決

心や体に関する正しい理解を基に，適切な行動をとり，悩みや不安に向き合い乗り越えようとすること。

オ 生命の尊重と心身ともに健康で安全な生活態度や規律ある習慣の確立

節度ある健全な生活を送るなど現在及び生涯にわたって心身の健康を保持増進することや，事件や事故，災害等から身を守り安全に行動すること。

(3) 一人一人のキャリア形成と自己実現

ア 学校生活と社会的・職業的自立の意義の理解

現在及び将来の生活や学習と自己実現とのつながりを考えたり，社会的・職業的自立の意義を意識したりしながら，学習の見通しを立て，振り返ること。

イ 主体的な学習態度の確立と学校図書館等の活用

自主的に学習する場としての学校図書館等を活用し，自分にふさわしい学習方法や学習習慣を身に付けること。

ウ 社会参画意識の醸成や勤労観・職業観の形成

社会の一員としての自覚や責任をもち，社会生活を営む上で必要なマナーやルール，働くことや社会に貢献することについて考えて行動すること。

エ 主体的な進路の選択決定と将来設計

適性やキャリア形成などを踏まえた教科・科目を選択することなどについて，目標をもって，在り方生き方や進路に関する適切な情報を収集・整理し，自己の個性や興味・関心と照らして考えること。

3 内容の取扱い

(1) 内容の(1)の指導に当たっては，集団としての意見をまとめる話合い活動など中学校の積み重ねや経験を生かし，それらを発展させることができるよう工夫すること。

(2) 内容の(3)の指導に当たっては，学校，家庭及び地域における学習や生活の見通しを立て，学んだことを振り返りながら，新たな学習や生活への意欲につなげたり，将来の在り方生き方を考えたりする活動を行うこと。その際，生徒が活動を記録し蓄積する教材等を活用すること。

〔生徒会活動〕
1　目標
　異年齢の生徒同士で協力し，学校生活の充実と向上を図るための諸問題の解決に向けて，計画を立て役割を分担し，協力して運営することに自主的，実践的に取り組むことを通して，第1の目標に掲げる資質・能力を育成することを目指す。
2　内容
　1の資質・能力を育成するため，学校の全生徒をもって組織する生徒会において，次の各活動を通して，それぞれの活動の意義及び活動を行う上で必要となることについて理解し，主体的に考えて実践できるよう指導する。
(1)　生徒会の組織づくりと生徒会活動の計画や運営
　生徒が主体的に組織をつくり，役割を分担し，計画を立て，学校生活の課題を見いだし解決するために話し合い，合意形成を図り実践すること。
(2)　学校行事への協力
　学校行事の特質に応じて，生徒会の組織を活用して，計画の一部を担当したり，運営に主体的に協力したりすること。
(3)　ボランティア活動などの社会参画
　地域や社会の課題を見いだし，具体的な対策を考え，実践し，地域や社会に参画できるようにすること。

〔学校行事〕
1　目標
　全校若しくは学年又はそれらに準ずる集団で協力し，よりよい学校生活を築くための体験的な活動を通して，集団への所属感や連帯感を深め，公共の精神を養いながら，第1の目標に掲げる資質・能力を育成することを目指す。
2　内容
　1の資質・能力を育成するため，全校若しくは学年又はそれらに準ずる集団を単位として，次の各行事において，学校生活に秩序と変化を与え，学校生活の充実と発展に資する体験的な活動を行うことを通して，それぞれの学校行事の意義及び活動を行う上で必要となることについて理解し，主体的に考えて実践できるよう指導する。
(1)　儀式的行事

　学校生活に有意義な変化や折り目を付け，厳粛で清新な気分を味わい，新しい生活の展開への動機付けとなるようにすること。
(2)　文化的行事
　平素の学習活動の成果を発表し，自己の向上の意欲を一層高めたり，文化や芸術に親しんだりするようにすること。
(3)　健康安全・体育的行事
　心身の健全な発達や健康の保持増進，事件や事故，災害等から身を守る安全な行動や規律ある集団行動の体得，運動に親しむ態度の育成，責任感や連帯感の涵養，体力の向上などに資するようにすること。
(4)　旅行・集団宿泊的行事
　平素と異なる生活環境にあって，見聞を広め，自然や文化などに親しむとともに，よりよい人間関係を築くなどの集団生活の在り方や公衆道徳などについての体験を積むことができるようにすること。
(5)　勤労生産・奉仕的行事
　勤労の尊さや創造することの喜びを体得し，就業体験活動などの勤労観・職業観の形成や進路の選択決定などに資する体験が得られるようにするとともに，共に助け合って生きることの喜びを体得し，ボランティア活動などの社会奉仕の精神を養う体験が得られるようにすること。
3　内容の取扱い
(1)　生徒や学校，地域の実態に応じて，内容に示す行事の種類ごとに，行事及びその内容を重点化するとともに，各行事の趣旨を生かした上で，行事間の関連や統合を図るなど精選して実施すること。また，実施に当たっては，自然体験や社会体験などの体験活動を充実するとともに，体験活動を通して気付いたことなどを振り返り，まとめたり，発表し合ったりするなどの事後の活動を充実すること。

第3　指導計画の作成と内容の取扱い
1　指導計画の作成に当たっては，次の事項に配慮するものとする。
(1)　特別活動の各活動及び学校行事を見通して，その中で育む資質・能力の育成に向けて，生徒の主体的・対話的で深い学びの実現を図るようにすること。その際，よりよい人間関係

の形成，よりよい集団生活の構築や社会への参画及び自己実現に資するよう，生徒が集団や社会の形成者としての見方・考え方を働かせ，様々な集団活動に自主的，実践的に取り組む中で，互いのよさや個性，多様な考えを認め合い，等しく合意形成に関わり役割を担うようにすることを重視すること。

(2) 各学校においては，次の事項を踏まえて特別活動の全体計画や各活動及び学校行事の年間指導計画を作成すること。

ア 学校の創意工夫を生かし，ホームルームや学校，地域の実態，生徒の発達の段階などを考慮すること。

イ 第2に示す内容相互及び各教科・科目，総合的な探究の時間などの指導との関連を図り，生徒による自主的，実践的な活動が助長されるようにすること。特に社会において自立的に生きることができるようにするため，社会の一員としての自己の生き方を探求するなど，人間としての在り方生き方の指導が行われるようにすること。

ウ 家庭や地域の人々との連携，社会教育施設等の活用などを工夫すること。その際，ボランティア活動などの社会奉仕の精神を養う体験的な活動や就業体験活動などの勤労に関わる体験的な活動の機会をできるだけ取り入れること。

(3) ホームルーム活動における生徒の自発的，自治的な活動を中心として，各活動と学校行事を相互に関連付けながら，個々の生徒についての理解を深め，教師と生徒，生徒相互の信頼関係を育み，ホームルーム経営の充実を図ること。その際，特に，いじめの未然防止等を含めた生徒指導との関連を図るようにすること。

(4) 障害のある生徒などについては，学習活動を行う場合に生じる困難さに応じた指導内容や指導方法の工夫を計画的，組織的に行うこと。

(5) 第1章第1款の2の(2)に示す道徳教育の目標に基づき，特別活動の特質に応じて適切な指導をすること。

(6) ホームルーム活動については，主としてホームルームごとにホームルーム担任の教師が指導することを原則とし，活動の内容によっては他の教師などの協力を得ること。

2 内容の取扱いに当たっては，次の事項に配慮するものとする。

(1) ホームルーム活動及び生徒会活動の指導については，指導内容の特質に応じて，教師の適切な指導の下に，生徒の自発的，自治的な活動が効果的に展開されるようにすること。その際，よりよい生活を築くために自分たちできまりをつくって守る活動などを充実するよう工夫すること。

(2) 生徒及び学校の実態並びに第1章第7款の1に示す道徳教育の重点などを踏まえ，各学年において取り上げる指導内容の重点化を図るとともに，必要に応じて，内容間の関連や統合を図ったり，他の内容を加えたりすることができること。

(3) 学校生活への適応や人間関係の形成，教科・科目や進路の選択などについては，主に集団の場面で必要な指導や援助を行うガイダンスと，個々の生徒の多様な実態を踏まえ，一人一人が抱える課題に個別に対応した指導を行うカウンセリング（教育相談を含む。）の双方の趣旨を踏まえて指導を行うこと。特に入学当初においては，個々の生徒が学校生活に適応するとともに，希望や目標をもって生活をできるよう工夫すること。あわせて，生徒の家庭との連絡を密にすること。

(4) 異年齢集団による交流を重視するとともに，幼児，高齢者，障害のある人々などとの交流や対話，障害のある幼児児童生徒との交流及び共同学習の機会を通して，協働することや，他者の役に立ったり社会に貢献したりすることの喜びを得られる活動を充実すること。

(5) 特別活動の一環として学校給食を実施する場合には，食育の観点を踏まえた適切な指導を行うこと。

3 入学式や卒業式などにおいては，その意義を踏まえ，国旗を掲揚するとともに，国歌を斉唱するよう指導するものとする。

索　引

【監修】教師のための教育学シリーズ編集委員会

【編著者】

林　尚示（はやし　まさみ）
東京学芸大学教育学部教授
栃木県生まれ。1999年，筑波大学大学院教育学研究科（博士課程）
単位取得退学。博士（教育学）（日本大学）。筑波大学技官，山梨大
学講師，山梨大学助教授等を経て現職。
（専攻）教育方法学
（主要著作）『学校の「いじめ」への対応とその予防方法　「生徒指
導」と「特別活動」の視点から』（培風館，2014），『ワークシート
で学ぶ生徒指導・進路指導の理論と方法』（共著，春風社，2013），
『教職シリーズ5　特別活動』（編著，培風館，2012），『教師のため
の教育学シリーズ10　生徒指導・進路指導—理論と方法』（第二版，
編著，学文社，2018）。

教師のための教育学シリーズ9
特別活動　改訂二版—総合的な学習（探究）の時間とともに—

2016年4月20日	第一版第一刷発行
2019年8月30日	改訂版第一刷発行
2022年8月30日	改訂二版第一刷発行
2024年8月10日	改訂二版第三刷発行

編著者　林　尚示

発行者　田中　千津子　　〒153-0064　東京都目黒区下目黒3-6-1
　　　　　　　　　　　　電話　03（3715）1501（代）
発行所　株式会社 学 文 社　FAX　03（3715）2012
　　　　　　　　　　　　https://www.gakubunsha.com

ISBN 978-4-7620-3185-4

EDUCATIONAL STUDIES FOR TEACHERS SERIES

教師のための教育学シリーズ

＜全13巻＞

教師のための教育学シリーズ編集委員会　監修

優れた専門性と実践的指導力を備えた教師を育成するため，教育課程の概説のみならず，教育学の理論や知見を提供するテキストシリーズ。

〈本シリーズの特徴〉

・優れた専門性と指導力を備えた教師として必要とされる学校教育に関する知識を教育学の理論や知見に基づいてわかりやすく解説。
・単なる概説ではなく，現代的な課題，発展的・専門的内容など先導的内容も扱う。
・教育学の基礎理論に加え，最新の理論も取り込み，理論と実践の往還を図る。

① 新版 **教職総論** 教師のための教育理論　　大村 龍太郎・佐々木 幸寿 編著

② **教育の哲学・歴史**　　古屋 恵太 編著

③ 新版 **学校法**　　佐々木 幸寿 編著

④ **教育経営論**　　末松 裕基 編著

⑤ **教育心理学**　　糸井 尚子・上淵 寿 編著

⑥ **教育課程論** 第二版　　山田 雅彦 編著

⑦ **教育方法とカリキュラム・マネジメント**　　高橋 純 編著

⑧ **道徳教育論** 第二版　　齋藤 嘉則 編著

⑨ **特別活動** 改訂二版 総合的な学習（探究）の時間とともに　　林 尚示 編著

⑩ **生徒指導・進路指導** 第三版 理論と方法　　林 尚示・伊藤 秀樹 編著

⑪ **子どもと教育と社会**　　腰越 滋 編著

⑫ **教育実習論**　　櫻井 眞治・矢嶋 昭雄・宮内 卓也 編著

⑬ **教育方法とICT** ※第7巻を改編　　高橋 純 編著